KB110206

초등 6년, 내 아이 성장표는?

초등 6년, 내 아이 성장표는?

발행일	2018년 3월 14일

지은이	김 정 순		
펴낸이	손 형 국		
펴낸곳	(주)북랩		
편집인	선일영	편집	권혁신, 오경진, 최예은, 최승헌
디자인	이현수, 허지혜, 김민하, 한수희, 김윤주	제작	박기성, 황동현, 구성우, 정성배
마케팅	김회란, 박진관, 유한호		
출판등록	2004. 12. 1(제2012-000051호)		
주소	서울시 금천구 가산디지털 1로 168, 우림라이온스밸리 B동 B113, 114호		
홈페이지	www.book.co.kr		
전화번호	(02)2026-5777	팩스	(02)2026-5747

ISBN	979-11-6299-013-1 03370(종이책)		979-11-6299-014-8 05370(전자책)

이 도서의 국립중앙도서관 출판예정도서목록(CIP)은 서지정보유통지원시스템 홈페이지(http://seoji.nl.go.kr)와
국가자료공동목록시스템(http://www.nl.go.kr/kolisnet)에서 이용하실 수 있습니다.
(CIP제어번호 : CIP2018007734)

(주)북랩 성공출판의 파트너

북랩 홈페이지와 패밀리 사이트에서 다양한 출판 솔루션을 만나 보세요!

홈페이지 book.co.kr • **블로그** blog.naver.com/essaybook • **원고모집** book@book.co.kr

자녀의 올바른 인성·학습 성장을 돕는
현직 교사의 특별한 이야기

초등6년,
내 아이
성장표는?

김정순 지음

북랩 book Lab

벌써 졸업이라뇨?

"입학한 지 엊그제 같은데 벌써 졸업이 다가왔네요."

졸업식장에서 만난 학부모 중 누군가 이 말을 건네니 주변의 학부모들도 모두 고개를 끄덕였습니다. 그러나 이 말 속에 담겨 있는 의미는 조금씩 달랐습니다.

"6년이 길 줄 알았는데 참 짧다는 생각이 들어요. 바쁘다고 엄마로서 제대로 역할을 못한 것 같아요."

"솔직히 저는 학원 보낸 것 말고는 부모로서 아이에게 남긴 업적이 없네요."

"아휴, 초등학교 6년도 제대로 못했는데 앞으로 어떻게 잘 할 수 있을지 걱정이네요."

초등학교 6학년을 마무리하며 대체로 미안함, 섭섭함, 걱정스러움을 가진 분들이었습니다.

모든 일이 지나고 나면 아쉬움이 있기 마련이지만 부모로서 '내 아이' 초등학교 6년은 더 아쉬움이 남는 것 같습니다. 학원에는 빠짐없이 가도록 재촉했지만, 아이와의 시간을 내일, 또 내일로 미룬 적이 많았으니까요. 아이와 나눌 대화도 미루었고 아이와 가보기로 한 박물관도 미루었고, 아이와 함께 읽어보기로 했던 책도 사지 못했고……. 학원 다니느라 아이도 바빴지만, 부모는 더 바빴으니까 미안하기까지 하는 것입니다.

키도 덩치도 훌쩍 자라서 6년의 세월을 실감 나게 하지만 정신적으로는 아이 티를 못 벗어나고 있어 걱정스럽기도 하다는 것입니다. 부모는 '내 아이'가 아직도 스스로 자신의 할 일을 찾지 못하고 스스로 결정 못하는 일이 너무 많다고 여기기 때문입니다.

  여기저기서 부모와 자식 간의 애착관계가 무엇보다 중요하다고 합니다. 한편에서는 한국의 부모와 자식 간 애착관계가 너무 오래 이어진다고 지적하기도 합니다.
  무엇이 정답인지 모르지만, 자식에겐 부모의 진정한 관심이 물고기의 물과 같은 존재임을 부정할 수 없을 것입니다.
  그 관심은 단순히 공부 잘하게 만드는 '학원빨'이 아니라 스스로의 성장을 돕는 엔진 같은 것이라고 여깁니다.
  저는 오랜 기간 아이들의 성장 이력을 통해 초등학교 6년의 성장표가 중·고등학교 6년의 잠재력이 되고, 그 6년의 잠재력이 미래 삶의 주춧돌이 된다는 걸 느꼈습니다.

  이 책 속 다양한 사례들과 메시지는 대한민국 보통의 가정, 보통의 학부모, 보통의 학교, 보통의 아이들 이야기입니다. 초등학생으로 살고 있는 '내 아이' 교육 이야기입니다. 내 아이가 '교육'이라는 이름으로 학교에 제대로 가고 있는지, 성적이 아닌 성장 그래프 상승곡선을 그리고 있는지 고민해보는 이야기입니다.

  필자는 두 아이를 당당히 키워낸 맞벌이 엄마로서, 33년간 매일을 대한민국 초등교육 현장 최전선을 달려온 담임전문가로서, 대한민국의 아이들이 초등 6년을 가장 후회 없는 시간들로 꼭꼭 채워지기를 소망해봅니다.

  감사합니다.

33년 초등담임지기를 마치는
2018년 2월
김정순

CONTENTS

04 시작하는 말

❏ **Part 1**
내 아이의
전쟁 끝내기

010 학교에서 친구 사귀기
017 선생님을 내 편으로 만들기
024 등교 준비 혼자하기
032 숙제를 버릴 수 없는 이유
039 스마트폰과의 전쟁은 그만!

❏ **Part 2**
창문 넘어
도망치는 아이
붙들기

048 도망치고 싶은 아이
055 람보의 변신
062 엄마는 잔소리쟁이?
069 완벽이가 완벽할 수 없었던 이유
075 워거즐튼무아!

❏ **Part 3**
공부를 위한
진짜 공부법

084 공부는 공부답게
092 놀이도 공부다
099 인성도 공부다
105 학습지보다는 백지다
113 성공보다는 성취감이다

❏ **Part 4**
D.Y.D를 위한
내 아이 바로 보기

122 D·Y·D를 하는 아이, 못하는 아이
129 내 아이의 진정한 브랜드
136 '내가 아닌 너'라는 친구게임
143 학교에선 다가치多價値

❏ **Part 5**

**책 맛있게
먹는 내 아이**

152   책과 친구 맺기
160   맛있는 책 집어 들기
169   책 요리하기
175   책 먹는 아이

❏ **Part 6**

**톡톡Talk Talk 튀는
똑똑한 내 아이**

184   생각짱 도전하기
191   질문짱 도전하기
196   발표짱 도전하기
202   토론짱 도전하기

❏ **Part 7**

글쓰기

- 삶을 이야기하는 내 아이

210   삶이 있는 글쓰기란?
214   글쓰기는 한 줄부터
219   마음을 다스리는 시 쓰기 Tip
226   초등학생이 고민하는 글쓰기 Tip

238   마치는 말

Part 1

내 아이의
전쟁 끝내기

친구는 '나의 메아리'라는 걸 알려주세요

도시의 주택에 할머니랑 세 들어 사는 2학년 심심이는 동네 골목 길에서 친구들과 놀아본 기억이 거의 없다. 주말 동안도 일부러 학교 운동장까지 나와야 몇몇 아이들을 만날 수 있다.

심심이는 궁금한 게 있다.

'아이들은 다들 어디로 숨었지?'

심심이는 공부를 시키는 학교가 싫지만 그래도 학교를 좋아하는 이유가 있다. 학교는 친구들과 놀 수 있는 놀이터가 될 수 있기 때문 이다.

학교만 들어서면 숨어있던 친구들이 다시 와글와글하다. 심심이의 얼굴이 활짝 피지 않을 수 없다.

'오늘은 무슨 놀이를 할까?'

쉬는 시간 쏜살같이 운동장으로 달려가는 심심이의 손에는 교실 에 있던 피구 공이 들려 있다. 동작이 빠른 심심이가 제일 먼저 공 을 집어 들었던 것이다. 친구들은 심심이를 뒤따라 쪼르르 따라나선 다. 서로 같이 놀자며 달려든다. 뜻하지 않게 심심이가 리더가 되어 있다. 편을 짜는 역할까지 한다. 아이들은 가끔은 편 짜기에 불만이 있지만, 노는 시간만은 심심이 말을 잘 따른다. 적극적으로 놀아주 고 재미있게 놀아주니까. 아무튼, 심심이는 노는 시간만큼은 자연스레 리더로 자리 잡았다. 그렇다고 친구들을 맘대로 휘두르지는 않는다. 배려와 존중이라는 뜻은 잘 모르지만, 친구들을 배려와 존중으로 대하고 있는 것이다.

심심이는 아직 '손안의 작은 세상'이라고 하는 휴대폰이 없지만 크게 불만이 없다. 대신 친구들이 많이 사는 아파트에 살지 않는 것이 불만이다. 방과 후 학교 컴퓨터 공부를 마치고 나면 특별히 갈 곳이 없는 심심이는 학교 모래사장에서 혼자서 논다.

방학이면 심심이는 그야말로 심심해서 몸이 쑤신다. 그런 심심이이기에 등교하는 날은 누구보다 신 난다. 친구들과 뛰고 구르고 달릴 수 있는 '학교'란 곳이 너무 좋기 때문이다.

어쩌면 심심이에겐 학교가 친구를 선물로 주는 둥지 같은 곳일 것이다. 그 둥지 속에서 친구가 사라질까 봐 친구와의 전쟁을 조용히 치르고 있는지 모른다.

심심이와는 반대로 다른 색깔로 친구와의 전쟁을 치르는 칠석이가 있다. 툭하면 친구들을 툭 치려고 하는 녀석이다.

입학 다음 날부터 벌써 한바탕 친구와 전쟁을 치른 이력을 남긴 아이다. 소위 기 싸움을 한 셈이다. 덩치가 비슷한 친구와 시비가 일더니 한 대 툭 치는 것이었다. 상대도 놀래서 엉겁결에 한 대 쳤다. 그래도 순진한 아이들이어서 첫 시비는 거기서 끝났다.

문제는 칠석이의 거친 행동이 약한 아이들에게 점점 더 뻗치기 시작한 것이다. 쉬는 시간에 같이 놀다가도 친구의 팔이나 손가락을 비튼다거나 허리를 껴안고 돌리는 등 공격적 행동을 일삼는 것이다. 당연히 친구들은 칠석이를 피하고 싶은 것이다. 한 달에 한 번씩 짝을 바꿀 때 친구들은 칠석이와 짝이 될까 봐 매우 불안해한다. 눈치

빠른 칠석이는 그런 친구들의 모습이 못마땅해 미리부터 표정이 일그러진다.

"저는요, 혼자 앉고 싶어용!"

큰 소리로 선언한다. 속마음은 그러고 싶지 않기에 씩씩대는 소리다. 1학년이라도 나름 자존심이 세다. 그런 칠석이는 친구들이 자신에 대해 관심을 보이지 않자 관심을 끌기 위한 행동으로 점점 더 비딱해질 수밖에 없었다.

이쯤 되면 칠석이뿐만 아니라 한 반 친구들 모두 친구와의 전쟁이 시작된 모양새다. 교사로서 이런 분위기에서는 학급 운영이 아주 힘들어지기 때문에 어쨌거나 모두가 사이좋게 깔깔거리며 웃는 학급을 만들고 싶은데 벌써부터 어긋나기 시작한 것이다.

칠석이와 수시로 상담을 하면서 친구를 사귀는 법, 친구와 사이좋게 노는 법, 말 건네는 법, 배려하는 법을 가르치고 약속까지 받아내지만, 사람의 심성은 하루아침에 바뀌지 않는 법이다.

선생님은 아침부터 칠석이를 눈앞에서 관찰할 수밖에 없다. 부지불식간에 사고가 일어날지 모르는 불안감 때문이다.

이처럼 아이들의 학교생활 행복지수의 약 80% 정도는 친구와의 관계형성에 달렸다고 해도 과언이 아니다. 학교에서 고학년을 대상으로 한 설문조사를 보면 학교생활을 행복하게 해주는 대상이 선생님이 아니라 친구다.

칠석이는 지금 저학년이지만 고학년으로 갈수록 친구와의 관계가 상황에 따라서는 제2차 세계대전 수준이 될 터다. 따돌림, 언어폭력, 이성친구, 불량친구 등 친구 간의 문제가 많이 불거진다. 친구 관계가 부모도 선생님도 제어하기 힘든 상황으로 이어지기도 한다.

'내 아이는 그러지 않아.'라고 부모로서 긍정적으로 바라보는 것이 좋을까? 가정에서는 나타나지 않는 아이의 굴곡진 모습을 애써 모른 척하는 것이 좋을까? 아니다. 모든 것은 예방이 제일이다. 부모로서 내 아이가 바람직한 친구 관계를 형성하고 있는지 관심을 가져야 한다. 뭔가 낌새가 좋지 않다면 '친구는 메아리'라는 의미를 꼭꼭 심어주는 것부터 시작하면 좋겠다.

철학자 아리스토텔레스는 이렇게 말했다.

"친구들에게 기대하는 것을 친구들에게 베풀어라."

정채봉 동화작가님의 『메아리』라는 작품 속 대화 글도 이런 의미의 이야기다.

아이가 달려와 일렀다.

"엄마, 저 산이 나더러 바보래."

엄마가 조용히 말했다.

"네가 다정한 목소리로 '친구야'하고 불러보렴. 그러면 산도 널 '친구야'하고 부를 거야."

아이들이 어릴 때부터 친구 관계는 '메아리'라는 걸 꼭 기억하도록 부모는 밥상머리 교육을 할 필요가 있다. 교육은 반복이 최고다. 친구와의 갈등상황을 발견할 때마다 다정한 엄마의 목소리로 타이르고 조언을 주는 방법이다.

행동 변화를 위해 간접적인 체험이 될 수 있는 관련 독서도 효과가 있다.

그림책으로는 『저마다 제 색깔』, 『강아지똥』, 이야기책으로는 『내 짝꿍 최영대』, 『짜장 짬뽕 탕수육』, 『아주 특별한 자랑』 등을 권하고 싶다.

그리고 아이들이 싫어하는 친구가 어떤 유형일까 알 필요가 있을 것이다. 나는 오랫동안 교실 현장을 지켜본 교사로서 아이들이 싫어하는 친구의 다섯 가지 유형을 다음과 같이 정리해 보았다.

싫어하는 다섯 친구

- 선생님께 잘 이르는 친구
- 사소한 일에 시비 잘 거는 친구
- 잘 놀리는 친구
- 툭 하면 무시하는 친구
- 잘못해 놓고 사과를 잘 안 하는 친구

다섯 가지 유형이라고 하지만 사실은 자존감이 낮은 친구들에게서 나타나는 공통된 하나의 특징이기도 하다. 이런 아이들은 자신에게 관심을 끌기 위해 좀 더 강화된 행동을 하는 편인데 희한하게도 부정적인 행동으로 관심을 끌려고 한다. 그런 반응이 남자아이의 경우는 신체적 폭력으로, 여자아이의 경우는 이간질에다 따돌림까지 나아가기 십상이다. 친구 관계에 대한 생각이 잘못 꿰어지면 회복하는 데 시간과 노력이 많이 걸리는 이유가 여기에 있다.

가끔 언론을 통해 알려지는 학교폭력 사건 때문에 사회적 관심거리가 되곤 하지만 학교현장은 사소한 폭력이라도 발생할까 봐 매일 살얼음판을 걷는 상황이다.

부모들도 '자라 보고 놀란 가슴 솥뚜껑 보고 놀라'듯이 아이들의 작은 다툼에도 화들짝 놀라는 것 같다. 성급한 나머지 어떤 학부모는 학교까지 찾아와 직접 개입하려 한다. 상대를 직접 찾아 야단을 치고 다짐을 받으려고 한다. 그러다가 부모끼리 다툼으로 번져 문제는 점점 더 확산된다.

그럴수록 아이는 친구와의 관계가 꼬일 수밖에 없다. 요즘 아이들의 세계는 예전 아이들과 다르다. 관심거리의 대상도 많고 자아가 빨리 발달하여 감정의 폭도 넓고 깊은 편이다. 어른들이 이해하지 못할 그들만의 문제에 어른이 섣불리 개입해서 더 큰 전쟁을 치르게 되는 불상사가 생긴다.

그래서 부모는 예방을 위한 교육에는 적극적이어야 하지만 아이의 다툼에까지 개입하려는 태도는 절대 삼가는 것이 현명하다. 아이의 친구 관계만큼은 스스로 해결하도록 조언하고 깨달음을 주는 것이 가장 좋은 방법이다. 그래야 친구 간의 건강한 관계형성이 가능하다. 친구 간의 관계가 건강해야 학교생활도 행복해질 수 있다.

친구에게 큰소리치는 칠석이는 친구가 어떤 의미인지, 어떤 존재인지에 대한 생각을 미처 해본 적이 없었던 탓이다. 반면 친구를 보물로 여기는 심심이는 친구가 얼마나 소중한지 일찌감치 스스로 터득한 덕분이다.

포스트잇 속 너

재미났던 이야기도
힘 꾸욱 줘서 줄그은 내용도
책 덮고 나면 가물가물

하지만
포스트잇에 적은 한 마디는
오래 남잖아?

많은 친구들 속에
포스트잇에 적힌
바로 너

네가 차준 공
어이없이 뻥 날려버려도
씨익 웃어주던

이남훈

— 동시집 『혼자가 아니야』 중에서

선생님을 내 편으로 만들기

아이에게 '선생님은 네 편이야.'라고 전해주세요

3월이 되면 아이들도 학부모들도 새 선생님에 대한 궁금증이 무엇보다 높아진다. 마찬가지로 선생님들도 새로 일 년을 함께할 아이들에 대한 설렘이나 궁금증이 그에 못지않다.

이런 분위기 속에 3월은 아이, 학부모, 선생님의 상호 간 탐색기라고 할 수 있다.

아이들은 3월 첫날 선생님의 인상을 보고 '무섭다', '착하다'로 단순명쾌하게 평을 하는 편이다. 아이들의 개학 날 일기 속을 보면 선생님에 대한 평이 솔직하게 나타나 있다. 아이들이라 그래도 '무섭다'보다는 '착하다'쪽의 후한 평을 많이 하는 편인데, 선생님도 좋은 평을 들으면 기분이 좋기 마련이다.

'그래, 아이들이 느끼는 대로 '착하게' 대해야지'라고 선생님은 첫날부터 아이들과의 좋은 관계설정을 위해 새로운 다짐을 하는 편이다.

문제는 이러한 긍정적 관계가 3월 한 달까지는 유지되다가 4월쯤부터 삐걱하는 소리가 여기저기서 들리기 시작한다는 것이다. 선생님 및 친구들과의 탐색을 거의 끝내는 시점이다.

선생님은 다시 눈초리를 다잡고 아이들의 분위기가 흐트러지지 않도록 지도를 하다 보면 선생님과 아이들 간 마음의 흠집도 생기기 시작한다. 요즘은 초등학생이라도 자기표현이 분명하고 개인주의적인 데

반해 교사는 관계유지와 협동을 중요하게 생각하는 차이점도 있다. 그래서 갈수록 교사와 학생 간의 골이 더 깊어지는 경우가 많다.

선생님과의 갈등이 가장 많이 일어나는 상황은 친구 간의 다툼이나 규칙 위반 등의 생활태도에 대한 것이다. 이런 일이 일어나면 선생님은 하루에도 몇 번씩 솔로몬의 재판관이 되어야 한다. 그렇지 않고는 학생이나 학부모 모두에게 덤터기 쓸 일이 많다. 그러나 아이들의 입장에서 보면 선생님이 자기편을 더 잘 이해해 주기를 바라는 마음이 간절하다. 그래서 자기 잘못은 쏙 빼고 남의 잘못만 일러준다. 선생님은 두 사람의 다툼에서 아이 말만 듣고 누가 먼저 원인을 제공했는지 정확하게 알 수가 없다. 선생님이라고 해도 솔로몬만큼 지혜롭게 판단을 내리기가 여간 어려운 게 아니다. 그러다 보니 씩씩거리며 선생님의 판정에 승복을 잘하지 않는 경우가 많다. 고학년일수록 더 그렇다.

그래도 이 정도는 전쟁이라기보다는 공동체에서 오는 개성의 표현과 질서 유지를 위한 줄다리기로 여길 수 있다.

선생님과의 갈등이 두 번째로 많이 일어나는 상황은 수업시간 산만한 행동이다. 3월은 대체로 아이들의 수업 태도가 바른 편이다. 새학년 새 학기 다짐을 잊을세라 나름 노력하는 모습이 보인다. 그래서 선생님은 간혹 착각하기 쉽다.

'요놈이 듣기와는 다르네. 달라졌나 봐.'

기대가 실망으로 변하는 시점이 주로 4월쯤인 것 같다. 때로는 1학기를 잘 유지하다가 2학기부터 달라지는 경우도 있다. 과제해결이나 숙제에 대한 열의가 떨어지고 수업시간 집중하지 않고 주변 친구를 집적거리는 일들이 잦아지는 것이다.

이런 아이일수록 학업 성취 대신 특이한 행동으로 선생님이나 친구들의 관심을 끌고자 한다. 한 명으로 인해 주변 아이들 모두 분위기에 휩쓸릴 수 있기 때문에 선생님은 이런 아이의 행동에 예민해진다. 그러다 보면 지적을 안 할 수 없고, 특정 아이와 선생님의 사이는 긴장관계로 지속될 가능성이 많다.

선생님 입장에서 모든 아이와 편안한 관계를 유지하며 잘 지내고 싶어 다양한 지도 방법을 고민하게 된다. 대부분의 교사는 원하는 방향으로 지도가 될 수 있도록 '보상강화'에 철저한 편이다. 어떠한 경우에도 체벌이 허용되지 않기 때문에 많은 선생님들이 칭찬기법, 비타민기법, 애드벌룬기법, 스티커기법 등 다양한 방법을 동원하여 관계를 부드럽게 하려고 애쓴다.

그럼에도 불구하고 교실에서 선생님과 과히 갈등전쟁이라 일컬을 수 있는 상황이 있다. 생활, 학습, 어느 면에서나 도무지 선생님과 호응이 잘 이루어지지 않을 때이다. 체험학습, 수학여행, 급식, 방과 후 교육활동, 각종 행사와 대회 등 학교에서 일어나는 일들은 갈수록 복잡다단해지고 있는데 선생님과의 호응에 문제가 발생하기 시작하면 모든 학교생활이 뒤죽박죽될 수 있다.

학교에서 인정받지 못한다고 생각하는 아이는 굉장히 거친 행동으로 선생님의 관심을 끌고 싶어 한다. 이는 친구 괴롭힘, 분노, 숙제 거부, 카톡방의 비난이나 욕설, 심한 고자질 등의 특징으로 나타난다. 선생님은 아이의 내면적 심리를 눈치채고 다독거림, 칭찬, 훈계 등 다양한 방법을 시도해 본다. 아이도 선생님과의 전쟁을 쉬 끝내고 싶어 하는 눈친데 행동 변화는 쉽게 나타나지 않는다.

예전 우리 부모들은 학교에 가는 아이에게 당부했던 말이 주로 '선생님 말씀 잘 들어라'였는데 요즘 부모들은 '공부 잘 하고 오라'는 쪽이 많다고 한다.

생각해 보건대, '선생님 말씀 잘 들어라'고 당부하는 마음에는 선생님과의 관계를 더 중시하는 의미가 담겨 있다고 본다. 반면에 '공부 잘 하고 오라'는 당부에는 공부가 학교 가는 목적이고 공부가 최고라는 의식이 반영되었다고 본다.

그런데 학교에서 공부를 잘하려면 교사와의 관계 형성이 우선되어야 한다. 아무리 공부를 잘하려고 해도 선생님과 긴장관계에 놓이면 심리적 부담이 장애가 된다.

실제로 핀란드 유바스큘라 대학 박사 학위 논문에서는 학생이 교사와의 관계에서 부정적 경험을 할 경우 이 경험이 학생의 공부에 대한 의욕을 저하시킨다고 했다. 이런 학생이 아무런 도움도 받지 못하고 혼자서 방치되면 학습부진아가 된다는 것이다. 즉, 아이의 정서적인 문제가 아이의 학습문제로 전이되지 않으려면 교사와의 관계형성이 중요하다는 의미다.

그러려면 선생님에 대한 믿음이 먼저 갖추어져야 한다. 부모가 아이에게 툭툭 던지는 말 속에 선생님에 대한 부정적 의미를 담아내면 아이 역시 선생님에 대해 부정적인 시선을 갖게 된다. 일반적으로 선생님들 사이에 '부모는 곧 학생이다'는 말이 회자되곤 한다. 부모가 선생님을 불신할 때 아이 역시 선생님을 불신하는 모습이 보이고, 부모가 선생님을 삐딱하게 보면 아이도 역시 선생님을 삐딱하게 본다는 의미이다. 그렇게 되면 어떻게 아이가 선생님의 지도를 받아들일 수 있겠는가?

　새 학년을 시작하는 첫날, 그리고 1학년 입학하는 날, 선생님에 대한 기대가 한층 부풀어 있을 때 주변에서 아이에게 새 선생님의 긍정적인 점을 끊임없이 입력해주는 것부터 선생님과의 긍정적인 관계의 시작이라고 본다. 그러면 일 년, 아니 6년을 선생님과의 관계형성 면에서 크게 걱정하지 않아도 될 것이다.

　그런 면에서 오늘도 내 아이가 학교에서 선생님과 어떤 관계에 놓여 있을지 곰곰이 새겨볼 문제다. 혹시 선생님과 전쟁을 치르고 있지는 않은지, 다행히 원만한 관계로 지내고 있는지, 고맙게도 선생님의 사랑을 받고 있는지. 저녁에 당장 아이와 대화를 해 보면 알 수가 있다. 혹시 부정적인 문제가 있다면 대화 속에서 해결의 실마리를 찾을 수 있을 것이다. 그리고 선생님과 나쁜 문제가 있으면 당사자인 선생님과의 상담이 가장 좋은 방법이 될 수 있다는 점도 기억했으면 좋겠다.

　"선생님, 우리 아이에게 잘못이 있으면 꾸짖어 주세요. 저도 같이 노력하겠습니다."

　자신을 믿어주는 학부모의 말을 들으면 교사는 힘든 일도 잊어버리게 된다. 더 열심히 아이에게 관심을 가져주려고 애쓰게 된다.

　혹시 예비 입학생이나 저학년이 학교나 선생님을 두려워하는 마음을 가진다면 아이에게 『학교가기 조마조마』, 『반갑다 학교야』, 『사랑의 학교』, 『오공이 학교에 가다』, 『백점 만점 일학년』, 『연두야, 학교 가자』 등의 책을 골라주거나 읽어주는 방법도 좋을 것이다.

더불어 아이를 안아주며 이런 말도 꼭 해주자.

"희망아, 선생님은 네 편이야."

새 학년 새 교실

톡톡
망치소리

선생님은
여기저기
유심히 살피시다

꼭 필요한 어느 자리에
보기 좋게
못을 치시네.

때로는
불꽃이 탁탁 튀며
휘어지기도 하는 못질

선생님은
있는 힘을 다하여

우리들 가슴마다
작은 소망 하나씩 걸어줄
아프지 않는 못을 치시네.

― 동시집 『개미의 소풍』 중에서

등교 준비 혼자하기

"띠리링, 띠리링."

4학년 딸아이는 아침 7시 30분에 맞춰둔 알람 소리에 꿈쩍 않는다. 스스로 못 일어나니 엄마가 알람이 되어야 한다.

"일어나~."

"일어나라고!"

"안 일어날래?"

점점 3단 고음으로 치닫던 엄마는 아이의 방문을 열고 등짝을 한대 친다.

겨우 일어난 딸아이를 식탁에 앉혀 놓는다. 아이는 밥을 먹는 둥 마는 둥 축 처진 손으로 수저를 까닥거린다.

엄마가 달려가서 생선을 발라 수저에 올려놓는다. 속도가 너무 느리다. 엄마는 다시 달려가서 숟가락을 얼른 입에 밀어 넣는다.

겨우 욕실로 들어간 아이의 양치질 소리를 들어보니 열심히 이를 닦고 있는 것 같다. 세수도 푸쉬푸쉬 소리를 내는 걸 보니 애쓰는 것 같다. 딴에 여자니까. 엄마는 안도하며 출근 준비를 위해 안방으로 돌아선다.

그런데 마지막 관문이 남은 걸 깜빡하고 있었다. 아이는 드디어 자신의 옷장을 한껏 열어젖히고 소리친다.

"입을 게 하나도 없어."

짜증이 거실까지 튀어나온다. 엄마는 방으로 다시 달려간다. 시계를 보니 머뭇거릴 시간이 없다. 엄마도 출근해야 하는데……. 옷장에서 이것저것 추천해보아도 입을만한 옷이 없단다. 다른 친구들은 요일별로 입는 옷이 다 다르단다.

그러든 말든 엄마는 겨우 휴대폰을 챙겨 들고 부랴부랴 현관문을 나선다. 휴대폰을 챙겨야 나중에라도 불만을 들어줄 것 아닌가.

이 이야기는 사춘기에 접어드는 딸아이를 키운 나의 이야기이기도 하고 이웃집 '직장맘'의 이야기이기도 하다.

겉으로 보기엔 영락없이 엄마의 등교전쟁 같지만, 사실은 아이의 등교전쟁이다. 아이의 등교문제이기 때문이다.

아침에 지각한 서연이라는 여학생이 있었다. 30분이 지나도 나타나지 않아 막 전화를 해 보려던 차에 허겁지겁 교실로 들어선 아이의 표정이 굳어 있었다. 울었는지 눈자위도 빨갛게 익어 있었다. 사연인즉 아침에 늦잠을 잤다는 것이다. 늦잠을 잔 이유는 평소와 달리 엄마가 자신을 깨워주지 않고 출근을 해버렸다는 것이다. 집안의 조용한 낌새가 이상해서 벌떡 일어나니 집안에는 아무도 없었다.

"깨워주나 보자. 너 알아서 해!"

엄마의 이 말을 어슴푸레 들었다고 했다.

이 정도면 엄마가 단단히 화가 난 상태라는 걸 짐작할 수 있다. 나는 엄마가 화난 이유가 무엇인 것 같으냐고 물었다.

"맨날 깨워주는데 제가 잘 일어나지 않으니까 오늘은 그냥 냅둬버린 것 같아요."

아이는 하루 시작이 얄궂게 되었다. 지각 때문에 아이는 친구들에게 자존심이 많이 상한 것 같았다. 교사로서 나는 서연이의 단 한 번 지각을 가지고 나무라고 싶지 않았다. 하지만 서연이는 이미 속 상해서 울기까지 한 것 같았다. 당연히 아침밥도 먹지 못했다.

아이의 바람직한 성장을 위해 엄마 마음도 충분히 이해가 갔다. 서연이 엄마는 아이의 버릇을 고치기 위해 아이와 적절한 '밀당'을 하기 위한 노력일 거라고.

하지만 아이에겐 오늘 지각 때문에 당장 기분이 꿀꿀하다. 그래서 그런지 수업시간 의욕적이던 발표에도 관심이 없다. 부정적 감정이 오래가지 않는 밝은 아이지만 평소보다 무척 힘든 하루를 보낼 것임은 뻔했다. 엄마가 자신을 배반한 섭섭함에다 지각한 사실이 더해져 아이의 감정이 뒤죽박죽 엉켜있는 것 같았다.

초등학교 저학년 아이를 둔 부모의 상황은 어떤가? 아이가 초등학교 입학을 하면 엄마, 아빠 둘 중 한 사람은 일을 포기해야 하나 고민하는 문제에 이른다고 한다. 최근 언론에 나온 통계만 봐도 그렇다. 부모가 직장을 그만두는 경우가 초등 저학년 시기가 가장 높다고 한다. 물론 하교 후의 돌봄 문제도 있겠지만 등교준비도 큰 이유일 것이다.

깨우기, 씻기기, 먹이기, 입히기, 준비물 챙기기, 가방 챙기기. 날씨 검색하기……

아침 등교시간에 누군가 챙겨 줘야 할 목록들이 되어버렸다. 아이 스스로에게 맡겨두는 것 자체를 거의 공포감으로 여기는 듯하다. 덜

렁대서, 관심이 없어서, 까탈져서, 느려서 등 이유도 가지각색이다.

여자아이의 경우는 시간 투자가 더 필요하다. 긴 머리를 어떻게 손질해 줘야 마음에 들지 아침마다 고민거리다. 머리핀이나 머리 묶음 방울은 수시로 유행에 맞게 갖추어 두지 않으면 아이의 트집 꺾기가 예사로운 일이 아니다.

아이와의 입씨름, 몸씨름에서 부모는 이길 수 없다. 아이의 인권이 소중하다는 걸 요즘 교양 있는 부모는 다 안다. 아이의 고집이 유난스러워도 긍정적으로 이해할 줄도 안다. 웬만하면 아이를 존중해 주려고 무척 애를 쓴다.

그리고 또 한 가지는 힘들어도 참고 아이 기분에 맞춰 주려는 한국인 특유의 모성애, 부성애도 강하다는 사실이다. 아이의 찌푸린 얼굴이 하루 종일 맴도는 건 부모로서 못할 짓이다. 특히 아침 등교시간은 아이의 하루 기분을 가름하는 중요한 타이밍이라는 걸 잘 알고 있다. 아침부터 아이 기죽이는 부모가 절대 되고 싶지 않은 것이다.

이토록 눈 뜨기 전부터 조심스레 시작된 아이의 등교전쟁은 아이가 학교로 나서는 순간 '휴'하고 안도의 숨을 쉴 수 있다. 기분 좋은 표정으로 학교로 향하는 아이의 모습을 보면 부모도 덩달아 기분이 좋아진다. 아이와 부모 사이엔 영혼의 탯줄이 영원히 자리 잡고 있기 때문이다.

그런데 집을 나섰다고 끝이 아니다. 찻길도 안전하게 건너야 하고, 문방구에 들어갈 일도 있고, 나쁜 사람들의 눈길도 피할 수 있어야 하고……. 이래저래 등교안전에 대한 불안감이 먹구름처럼 다가온다.

나는 최근 교사로서 교문에서 아이들을 맞이하는 기회가 거의 한 달에 한 번씩 있었다. 그럴 때마다 보는 풍경이 있었다.

아이를 아예 교문 앞까지 자동차로 데려다주든지, 아이의 손을 꼭 잡고 교문까지 바래다주든지, 끝까지 안전서비스를 하려는 부모들의 모습이다. 바쁜 부모를 대신해 조부모의 등·하교 서비스도 눈에 띈다. 몸이 불편한 아이를 두었거나 행동이 유난히 느린 아이를 두었을 경우 더 긴장된 부모의 표정도 보인다. 모두 아이가 학교 현관문으로 들어가는 모습을 두 눈으로 똑똑히 지켜본 뒤에야 '등교 끝'이라며 돌아서는 보호자들이 많다. 요즘은 예전과 달리 아이의 손을 꼭 잡고 교문 앞까지 오는 아빠의 모습이 많이 늘었다. 등·하교 직접 서비스가 어려운 가정에서는 통신사에서 제공하는 등·하교 알리미 서비스를 활용하는 경우도 있지만 어디까지나 기계니까 든든해 하는 것 같지는 않다.

엄마든, 아빠든, 할아버지든, 할머니든, 교문 앞에서 오랫동안 손을 흔들다가 겨우 몸을 돌리는 모습은 어쩐지 애잔했다. 아이가 드디어 학교 안으로 들어갔지만 뭔가 안심이 안 되는 불안감이 아직 남아 있어 보이는 것이다. 부모 입장에서는 소중한 내 아이의 등교 안전, 학교생활 안전 등을 생각하면 충분히 그런 마음이 들 것이다.

하지만 조금 냉정하게 생각해 볼 필요도 있다. 교육이란 측면에서도 과유불급이 있는 법, 과잉보호가 낳는 부작용을 학교현장에 있는 사람으로서 실감할 때가 많다. 그때마다 하고 싶은 말이 있다.

"특별한 경우가 아니면 조금 떨어져 지켜보자. 때로는 엎어지더라도 너무 조급해 하지 말자."

필통을 스스로 챙겨보지 않은 아이는 그 물건의 소중함을 잘 모른다. 물건을 잘 잃어버린다. 필통에 채워주는 대로 흘리고 다니는 경우가 많다.

부모가 챙겨준 가방을 그대로 업고 학교에 온 아이는 내 가방 속 '보물'이 뭔지 잘 모른다. 가져온 준비물을 사용해보지도 못하고 집으로 고스란히 도로 가져가는 경우도 적잖다. 제출해야 할 신청서가 가방 속에서 초라한 몰골로 기한을 넘기기도 한다.

입혀준 대로 옷을 입은 아이는 내 옷이 어떤 색깔인지 잘 모른다. 색깔놀이 게임을 할 때 자신의 옷 색깔을 누군가 말해줬을 때 비로소 알아챈다. 운동장에 벗어둔 잠바 주인을 못 찾을 때가 많다. "주인을 찾습니다"라고 몇 주일째 방송 카메라를 들이대고 보여주어도 끝내 주인이 안 나타나는 물건이 방송실에 수북하다. 저학년만 그런 게 아니다. 고학년이라고 크게 다르지 않다.

말하자면 부모는 지나치게 친절할 필요가 없다. 실수하더라도 실수를 덜 할 때까지 지켜보며 응원해주는 게 옳다. 알림장을 보며, 주간학습안내장을 보며, 스스로 챙기는 일을 중요한 학습의 과정으로 여기고 잘할 수 있도록 격려해 주는 것이 필요하다. 조금씩 차근히 달라져 가는 모습을 지켜보는 여유도 필요하다. 응원과 격려 속에 학년이 바뀔 때마다 한 단계씩 업그레이드해갈 정도면 만족해도 되지 않을까?

이렇듯 교육은 장거리 달리기다. 아이의 하루 학교생활을 망칠까 봐 불안하다고 홀로서기를 시작하지 않으면 기회는 오지 않는다. 저학년부터 시작된 아이의 등교전쟁이 고학년이 되어도, 중학생이 되어도 끝나지 않는다.

그래서 부모로서 응원과 격려의 차원으로 아이를 꼭 안아주는 건 필요해도, 덜렁 업어다 놓는 것은 삼가야 한다고 말하고 싶다.

때로는 단호하게, 때로는 친절하게 아이와의 '밀당'을 통해 아이가 주체적으로 의식할 수 있도록 부모의 노력이 필요하다.

서연이는 엄마에게 호되게 당한 경험으로 인해 다음날부턴 알람 소리에 스스로 몸을 일으켜 세운다고 했다. 엄마가 더 이상 깨워 주시지 않는다는 걸 뇌가 인지했다는 의미다. 이러한 사례는, 아이가 오늘 하루의 학교생활이 진창이 되더라도 아이의 지속가능한 성장과 행복을 위해 부모의 단호한 결단이 필요하다는 걸 알려준다.

오늘 아침 아이에게 이렇게 말해보는 건 어떨까?

"똘똘아, 오늘은 혼자 준비해 보렴. 넌 할 수 있어!"

등굣길에서

비 오락가락 하는 아침
활짝 펼쳐진 크다란 우산 속에

꽃술이 되어 선
할머니와 현이

"학교 잘 다녀 오너라. 쪽!"
"네, 쪼옥!"

샘이 났나봐
빗방울이 우산에게 쪽!
우산은 빗방울에게 쪽!
쪽, 쪽, 쪽
쪽쪽쪽···

등굣길의 입맞춤 소리
오늘은 심했다.

동시집 『개미의 소풍』 중에서

숙제를 버릴 수 없는 이유

> 숙제를 잘 챙겨오는 아이는 교실에 들어설 때 표정부터 달라요

"오늘 학교에서 뭐 배웠어?"

"뭐, 이거저거요."

아이의 공부에 관심이 많은 부모와 공부에 관심이 별로인 아이의 대화다.

학교는 선생님의 가르침이 중요한 게 아니다. 돌려 말하면 학생의 배움이 중요하단 의미다. 그런 의미에서 부모는 아이가 많은 걸 배워 오기를 바라는 건 당연하다.

하지만 아이는 뭘 배웠는지 잘 기억도 못하고, 배운 것도 그다지 기억하려 하지 않는다. 아이이기 때문에 이 또한 당연한 사실이다.

아이 입장에선 배움의 의미보다 재미의 의미가 더 관심거리다. 그래서 재밌거리로 이야기를 하다 보면 대화가 술술 잘 풀리는 편이다.

"오늘 학교에서 재미있었어?"

"네, 재미있었어요. 내가 숙제를 잘한 덕분에 칭찬도 받고 발표까지 했거든요."

숙제를 야무지게 잘해 오는 아이는 교실에 들어서는 표정부터 밝다. 수업시간에도 자신감이 있다. 숙제 때문에 기가 팍 살아난다. 말했던 것처럼 학교생활이 재미있다고 여길 만하다.

사실 이런 아이가 되려면 숙제를 '억지로 하는 공부'로 여겨서는 불가능하다. 내 공부라고 여기며 스스로의 의욕이 받쳐지는 아이여야만 가능하다. 하지만 어디 그게 쉽나 말이다. 대부분 아이들은 숙제를 '쌤을 위한 숙제', 혹은 '짱나는 공부'로 여기며 건성일 경우가 많다. 특히 조사숙제가 있는 날은 한숨까지 쉰다. 알고 봤더니 학원숙제가 만만치 않은 것이다. 학교숙제가 조금만 보태져도 힘들어하는 이유가 있었다. 학원숙제 때문에 학교숙제가 밀려서야 될 일인가?

그런데 어느 교육청에서는 숙제내기에 대한 가이드라인까지 나오더니 급기야 저학년에겐 학교숙제를 금지한다는 방침까지 나오는 실정이다. '굳이 금지라는 조치까지 필요하나?'라고 찬반 논란도 있다. 과도한 숙제일 경우 부작용이 분명히 있지만, 적절한 숙제의 긍정성을 지나칠 수 없기 때문이다.

교사 입장에서 숙제의 긍정성을 정리해 보자면 다음 세 가지를 들고 싶다.

첫째, 규칙적인 학습태도 형성이다.
둘째, 개인별 보충학습이다.
셋째, 사전 학습내용 탐색이다.

엄마가 하루 종일 지친 일을 마치고 아이와 대면했을 때 가장 먼저 던지는 말이 있다.
"너, 숙제했어?"
"아니, 아직……."
엄마는 화가 치밀어 오른다. 낮에 뭐했느냐고 다그친다. 뾰족한 답을 못하는 아이는 엄마에게 적군이 된다. 엄마는 아이에게 이것저것 협박성 말을 쏟아낸다. 엄마에겐 참고 참았던 말들이다.

"숙제도 안 했으니 TV도 보지 마. 게임도 하지 마. 그리고 밥도 먹지 마."

이런 엄마의 말이 아이는 너무 무섭다. 그래서 아이는 아예 숙제가 없다고 거짓말을 하기도 한다.

교사와 학부모의 상담 중에 아이의 학습습관을 말하다 보면 숙제를 잘해온다, 안 해온다 등이 주요 관심거리가 된다.

"사랑이는 성격도 좋고 친구랑 잘 지내요. 근데 숙제를 잘 해오지 않더라구요."

"네? 우리 아이가 숙제를 잘 안 해온다고요? 내가 항상 물으면 다 했다 하고, 어떤 때는 숙제 없다고 해서 그런 줄 알았는데."

학부모는 그런 줄 몰랐다는 표정이다. 아주 아이를 가만두지 않을 심사가 나타난다.

"어머니, 자기만의 이유가 있을 거예요. 너무 나무라지 마시고 지금부터라도 조금씩 의욕을 가질 수 있도록 아이와 마주 앉아 이야기를 나눠보세요."

"아이가 숙제를 안 해오면 선생님께서 혼을 내주시면 좋겠어요."

"저도 아이와 상담을 해 볼게요. 어머니도 아이와 꼭 대화를 해 보시면 좋겠어요."

"네, 관심을 가져야겠습니다."

부모가 뒤늦게라도 숙제문제를 인식하고 아이와 풀어간다면 다행이다. 그런데 간혹 부모조차 숙제의 취지를 이해하지 못하는 경우가 있을 때는 안타깝다.

저학년인 경우는 아이의 숙제를 엄마가 꿰차고 엄마 숙제로 둔갑하는 경우도 있고 일기를 쓸 때 내용을 불러주는 엄마도 있다. 심지어는 아이가 직접 적어야 할 부분에 어른 글씨가 엿보이는 경우도 있다. 아예 아이를 숙제 해결사 공부방에 떠맡기기도 하는 모양이다. 이게 바로 숙제의 부작용이다. 부모부터 바른 인식이 필요하다. 선생님과 상담을 통해 내 아이의 숙제 양이나 숙제 해결 능력에 대한 상담을 하고, 적절한 가이드라인을 제시받는 게 현명하다. 아이와 부모가 함께 숙제로 전쟁을 치르는 것은 불행한 일이다.

교사 역시 숙제제시에 대한 고민이 필요하다. 숙제의 분량이 너무 과도하면 아무리 성실한 아이이더라도 학습의욕이 꺾이거나 심적 부담 등의 부정적인 결과만 생긴다. 숙제에 대해 부모나 교사가 욕심을 내지 말아야 하는 이유다.

나의 경우는 학기 초에 학생과의 약속을 통해 요일별 규칙적인 과제 및 자기 주도적으로 공부할 과제를 정해 둔다. 그래서 주말 외에는 거의 숙제 없는 요일이 없는 편이다. 숙제 분량은 하루 30분 정도 소요량을 기준으로 삼고 있다.

어린이날이나 명절을 앞둔 날에는 무조건 '숙제 없음'으로 꽝꽝 교탁을 친다. 아이들의 환호는 교실 천장이라도 들어 올릴 기세다. 이보다 더 좋은 선물은 없다. 돈 안 들이고도 줄 수 있는 최고의 선물이다.

사실 요즘은 아이들이 방과 후 많은 활동으로 쫓기는 신세다 보니 숙제를 되도록 적절하게 내리려고 노력하는 선생님이 많다. 방학 중에도 독서, 운동, 일기쓰기 등 기본 습관에 한해서 제시하는 게 일반적이다. 공부보다 마음수련, 체험학습, 스포츠활동 등의 정신적, 신체적 성장을 더 권장하는 편이다.

그리고 숙제를 낼 때도 개인별 맞춤형 숙제를 내려고 애를 쓰는 편이다. 똑같은 양과 질을 원할 수 없기 때문이다. 예를 들어 '수학익힘'의 문제에 *, **는 난이도를 달리하는 기호이기 때문에 *이 하나도 없는 기본문제까지만 해도 박수를 받아야 하는 아이가 있다. 나름 도전이기 때문이다. 그 도전에 아이가 성취감을 느낄 수 있도록 교사나 부모는 적극적으로 도와주어야 한다. 괜한 부모의 자존심이 자칫 아이의 자존감을 해치는 일이 일어나서는 안 된다.

어쩌면 숙제는 학생으로서 당연한 의무인지도 모른다. 그렇다면 부모로서 어떤 관심이 필요할까? 숙제를 잘 안하는 이유와 해결 방법이 무엇인지 따져볼 필요가 있지 않을까? 앞서 언급한 담임과의 상담과 아울러 내 아이가 처한 상황에 따라 맞춤형 해결방법을 찾아야 한다.

신의진 소아과 의사가 펴낸『초등학생 심리백과』에서는 숙제 안 해오는 4가지 이유를 아래와 같이 제시하고 있다.

첫째, 무엇을 어떻게 해야 하는지 모르는 경우, 둘째, 시간이 부족한 경우, 셋째, 부모가 공부에 대한 관심이 지나친 경우, 넷째, 저학년 때 습관을 제대로 들이지 못한 경우이다.

위의 저서에서는 해결방법으로 부모가 옆에서 도와주는 것이 최선이란 점, 해결해주지 말고 해결법을 알려주라는 점 등을 제시하고 있다.

그런데 여기에 교사로서 개인적인 생각을 두 가지 보태자면 숙제를 잘 해내야 한다는 결과에서 벗어나 노력하는 과정을 격려하라는 점, 숙제를 했을 때 꼭 보상을 주라는 점이다. 아이가 6년 동안 숙제 전쟁을 치르지 않고, 오히려 성취감이나 자신감으로 이어지도록 하려면 이런 노력은 정말 필요하다.

"선생님, 숙제 검사 안 해요?"

스스로 자신감에 차서 수업시작하자마자 소리치는 아이가 있는가 하면, "저는요, 엄마가 하지 말래서 숙제 안 했어요."라고 풀이 죽은 목소리로 말하는 아이도 있다. 부모 앞에서는 숙제가 아예 없다고 넘기고, 학교에 와서는 '엄마가 숙제하지 말라고 했다', '엄마가 일찍 자라고 했다' 등으로 거짓말을 하곤 하는 것이다. 숙제 때문에 성적은 떨어지지 않을지 모르지만, 정신적 성장에는 문제가 발생할 수 있다.

국립국어원에서 제시하는 '숙제'의 뜻풀이 중 하나는 '두고 생각해 보거나 해결해야 할 문제'라고 했다. 그런 면에서 숙제는 학생만 하는 것이 아니다. 선생님도 부모도 숙제가 많다. 누구나 하는 숙제를 학생으로 해결해야 할 내용이 다를 뿐이다. 이 점을 내 아이가 받아들일 수 있도록 가정에서는 부모부터 본보기가 되면 좋겠다. 그렇다고 숙제하듯 살지 말고 축제하듯 숙제했으면 좋겠다.

오늘, 숙제 싫어하는 내 아이에게 이런 말을 건네면 어떨까?

"사랑아, 엄마도 숙제가 있단다. 우리 같이 숙제할까?"

숙제

아침에 늦잠을 자도
천사의 목소리로 날 깨워주고

모래 잔뜩 옷섶에 말아서
한참 놀다 와도 웃어주고

우리 엄만 그랬는데

내가 1학년이 되고나니
"숙제는 했니?"
"숙제 좀 잘해. 응?"

오늘은 책가방 냅다 차버렸어.
"엄마는 좋겠어."

"하지만 엄마도 숙제가 많거든?"

쳇! 거짓말.

동시집 『숲속 마법의 나라』 중에서

스마트폰과의 전쟁은 그만!

'폰은 OFF!' 꼭 그런 건만은 아니죠. 사용 방법이 문제예요

알림장에도 적혀 있지 않고 주간학습계획표에도 적혀 있지 않지만, 필수 준비물이 되어버린 물건이 있다. 이것은 십 년 전만 하더라도 초등학생에게 위화감 조성의 물건이기도 했다. 이 물건이 없으면 아이도, 엄마도 불안해 한다. 고학년일수록 이 물건이 없으면 친구들에게 '왕따' 아닌 왕따가 되기도 한다. 이제 어린아이들에게도 '괴물'이 되어버린 이것은 바로 스마트폰이다.

숙제, 독서, 운동, 놀기 등의 소중한 시간을 뒷전에 두고 손에 늘 스마트폰을 쥐고 있는 아이의 모습에 마음이 하루도 편치 않다고 하는 부모가 늘고 있다. 게임, 카톡, 인터넷 등에 빠지는 '폰돌이, 폰순이'가 늘고 있고, 청소년 스마트폰 중독자가 매년 증가하고 있다고 하니 부모들은 어떻게 안심할 수 있겠는가?

게임중독, 인터넷 중독의 부작용 가운데는 대표적 사례로 초등학생 인터넷 통신비 120만 원 청구, 10대 청소년의 SNS를 통한 1학년 초등학생 살해 사건 공모 등 어른들을 깜짝 놀라게 한 사건들이 있었지 않는가?

요즘 자녀와의 전쟁 중에 가장 큰 골칫거리는 스마트폰과의 전쟁임이 틀림없다. 그래서 스마트폰이라는 녀석의 정체를 똑바로 알아

보는 것도 필요하다.

스마트폰 사용의 부정적인 사례가 학교 교실 속에서도 심심찮게 불거지고 있다. 대체로 남자아이들의 경우에는 친구 간의 게임 레벨 올리기로 인한 과도한 경쟁이나 무분별한 동영상 시청 등이 있고, 여자아이들의 경우엔 단체 카톡방의 무분별한 사용이 문제로 부각되고 있다. 이 문제점들은 2차 문제로 진행되어 수업시간 집중력 저하, 정서적 위축, 건강상의 문제 등으로 확산된다. 이와 관련하여 교육부 블로거 기자단이 올린 내용 중 몇 가지를 옮겨보고자 한다.

첫째, 게임중독, 인터넷 중독은 그 자체 문제뿐 아니라 무분별한 동영상 시청으로 이어지기 쉽다.

둘째, 게임과 높은 레벨을 유지하기 위해 돈이 필요하다.

셋째, 게임도 연령등급제가 있는데 잘 지키지 않는다.

넷째, 게임과다 아이는 심적·육체적 고통을 겪는다.

이 외에도 단체 카톡방을 이용해 개인의 불만을 선동하고, 비난, 욕설이 난무하는 것도 문제가 되는 현실이다. 이런 경우 무고한 친구들까지 끌어들이는 어른 뺨칠 정도의 교묘한 범죄 행위를 저지른 아이들도 있다. 일이 벌어진 후 조사를 해보면 단체 카톡방은 부모 시선의 사각지대에서 은밀하게 이루어지고 있어 더욱 우려스럽기도 하다.

전문가의 연구 결과에 의하면, 어릴수록 현실세계보다 온라인 세상에서 상호작용을 하게 되면 폭풍 성장할 아이들의 두뇌가 그 동력을 잃게 된다고 한다. 그래서 마이크로소프트(Microsoft) 창립자인 미국의 빌 게이츠(Bill Gates)도 자신의 자녀가 14세가 되기 전까지는 스마트폰 사용을 금지하겠다고 하지 않았는가?

이렇듯 스마트폰의 무수한 부작용을 알면서도 대부분의 부모는 속만 태우는 경우가 많다. 세세한 관리도 어렵고, 사용 범위에 대해 아이 성화에 못 이기는 경우도 많은 것 같다. 이런저런 고민으로 강제 방지 시스템인 스마트폰 중독 방지 어플을 설치하는 경우도 늘어나고 있다. 아울러 학교교육의 역할도 많이 기대한다. 실제로 변하는 사회현상에 따라 학교에서도 스마트폰 사용의 자제나 올바른 사용법을 의무적으로 교육한다. 그리고 아이들의 휴대폰 사용 중독 검사도 하고 그 결과를 가정에 통지하여 부모의 관심을 유도한다. 학교와 가정 연계 교육차원이다.

아직 대부분 학교에서는 스마트폰을 특별한 경우를 제외하고 학교 일과를 마친 후 교실을 나서기 전까지는 켤 수 없도록 한다. 최근 어느 지역에서는 학생인권 차원에서 스마트폰 사용을 강제적으로 막지 않도록 한다는 기사도 있었지만, 교사들과 학부모들은 매우 우려하는 분위기다. 스마트폰과의 물리적 격리를 찬성하는 부모 입장에서는 학교에 보낸 시간만은 안심할 수 있으니 '폰 off'가 얼마나 다행스럽냐는 것이다. 학교에서 스마트폰과의 전쟁을 잠시라도 멈출 수 있다는 것이다.

최근에는 '게임중독방지법'의 국회 발의 문제까지 등장했다고 한다. 여기서도 온라인상에서 그 문제에 대해 의견이 시끌시끌하다. 찬반 의견이 팽팽한 것이다. 반대쪽 의견에서는 어린 학생들의 무분별한 게임몰입에 대한 심각성에 주목하고 있는 의견이 많았다. 아무래도 요즘은 학생들이 거의 모두 스마트폰을 휴대함으로 인해 그 심각성이 크다고 보는 것이다. 이런 심각성은 학생에게 국한된 문제는 아닌 듯하다. 어떤 레스토랑에서는 식탁 위에 휴대폰을 올려놓지 못하게 하는 곳도 있다고 할 정도이다.

부모가 아이들 앞에서 스마트폰을 놓지 못하는 현실 앞에서 아이들에게만 강제성을 띠는 문제는 반발심이나 은밀하고 거짓스러운 행위를 조장할 뿐이다. 강제적이고 물리적인 격리로 근본적인 문제를 해결할 수는 없다는 건 분명하다.

부모가 먼저 아이들의 욕구를 알고, 그 욕구의 중심에 어떤 폐해가 일어나는지 알아야 한다. 그리고 그 폐해를 방지하기 위해 자녀와 허심탄회한 대화로써 긍정적인 방법으로 바꾸어가도록 끊임없이 고민해야 한다.

교사로서 나는 스마트폰에 대한 현실을 좀 더 냉정하게 바라보고 있다. 스마트폰을 아이들 생활 속에서 무조건 적군으로 간주하는 것이 과연 적절한 대처일까? 스마트폰이 호기심과 탐구심이 강한 아이들에게 또 다른 기회가 되는 사례가 얼마든지 있는데?

우리 학교에서는 개교기념일을 맞이하여 학교사랑 UCC 만들기 대회 행사를 개최한 적이 있다. 4명 정도의 소그룹별 협력활동을 권장하였는데 잘 할 수 있을까 했던 교사의 염려는 필요 없었다. 등위를 떠나 스마트폰으로 탄생한 UCC의 내용은 글이나 그림으로 나타내는 것보다 훨씬 더 흥미를 주었고 결과도 효과적이었다. 특히 제일 인기를 끌었던 작품은 평소에 학급 내에서 존재감이 없었던 두 아이의 공동작이었다.

생활면이나 학습면에서 교사의 손길이 많이 가는 편인 두 아이는 나름 똑똑하다고 뭉친 아이들을 물리치고 가장 창의적이고 알찬 내용으로 인정받았다. 평소 스마트폰으로 아이돌 유튜브나 재미있는 동영상을 자주 시청한 덕분이라는 걸 알게 되었다.

이런 행사 외에도 고학년 학습활동에서 실시간 정보 검색, 계산기를 활용한 창의문제 해결, SW학습활동, 학습 동영상 시청 등에서 휴대폰이 학습도구로 종종 쓰일 때가 있다. 예술 분야에서도 교육용 앱을 활용한 창의활동이 있다. 의외로 이런 활동에 남다른 재능을 발휘하는 아이는 대체로 평소 스마트폰의 최신 정보기술에 관심을 가지고 많이 이용해 본 아이들이라는 사실이다.

그래서 이런 질문을 하게 된다.

'학교 수업시간 꼭 폰을 잠가 둬야 하는가?'

결론부터 말하면, 아니다. 앞으로는 학교에서도 최대한 허용의 범위를 두고 스마트폰을 활용한 다양한 학습활동을 하게 될 것으로 보고 있다.

그렇다면 가정에서도 적절한 규칙을 만들어 좀 더 유익하게 사용할 수 있도록 허용할 필요가 있다. 오히려 통제가 강할수록 억압 해소를 위해 말초감각에 의존하기 십상이다.

그래서 나는 역설적으로 스마트폰과의 휴전을 위해 스마트폰의 사용을 인정해주는 방식으로 접근해 가는 게 현명하다고 생각한다. 그러기 위해선 우선 아이에게 스마트폰의 유용한 점을 많이 활용하는 기회를 주는 것이다.

하지만 환경적으로 고려해야 할 점도 많다.

첫째, 스마트폰 말고도 다양한 체험 속에서 소리, 색, 촉각, 냄새의 자극을 받도록 노출시킨다. 특히 자연적 환경에 더 많이 노출시킨다.

둘째, 무엇보다 스스로 생각하는 힘을 기르기 위한 독서환경을 조성해 주는 것이 아주 중요하다.

셋째, 친구와의 신체적 놀이에 집중할 수 있는 기회를 자주 만들어준다.

넷째, 주변 사람들과 상호작용하는 기회를 자주 갖게 한다. 너무 어린 나이부터 스마트폰과의 상호작용에 길들이지 않도록 주의한다.

이러한 환경적 고려 속에 사용하는 스마트폰은 정서적, 신체적인 부작용도 덜면서 학습적으로 유익한 도구가 될 수 있다. 이 사실은 실제로 이렇게 노력하는 학부모들 사례나 성장기 아이들을 당당하게 키워낸 주변의 지인들, 그리고 내가 직접 경험한 결과이기도 하다.

나는 학기 초에 처음 만나는 학부모들에게 이렇게 말하곤 한다.

-아이에게 게임 시간을 주세요. 아이들이 그 재미도 없으면 다른 재미를 찾느라 일탈을 꿈꿔요. 단 약속을 하십시오. 1, 2학년은 40분, 3, 4학년은 50분, 5, 6학년은 1시간이면 됩니다. 매일 해도 괜찮습니다. 주말에 몰아서 하는 방법은 추천하고 싶지 않습니다.

그래서 부모로서 아이에게 이렇게 말해보면 어떨까?

"얘, 게임 시간 꼭 지키렴. 내일도 해야 하지 않겠니?"

휴대폰, 너

— 엄마, 지금 어디예요?
— 언제 도착해요?
나를 안심시켜준 건
너 덕분이었어.

엄마가 어디 갔는지,
얼마나 찾았는지,
눈물까지도 흘렀을 내가
이젠 그럴 필요 없다.
다 너 덕분이다.

하지만 난 네가 별로다.

엄마와 내가
마주 앉아 도란도란 나눌 얘기를
네가 미리 알려줘 버렸어.

넌 참을성도 없고
기다릴 줄도 모르고

그런 성격
난 별로거든?

—동시집 『숲 속 마법의 나라』 중에서

Part 2

창문 넘어
도망치는 아이
붙들기

도망치고 싶은 아이

'100세 노인이 도망을 치다니, 왜?'

『창문 넘어 도망친 100세 노인』이란 책을 읽기 전에 나에겐 이런 질문이 꼬리를 물고 있었다. 한 가지 확신한 것은 '무엇인가의 억압에서 벗어나고 싶었겠지'라는 생각이었다. 아니나 다를까 노인은 백 살 생일을 맞아 새로운 인생을 즐기고자 감옥 같은 양로원을 탈출하고자 한 것이었다. 이 부분에서 잠시 생각을 해 본 적이 있다.

'우리 아이들도 수업시간 창문 넘어 도망치는 일을 생각하고 있을지 모른다.'

유난히 창문 쪽으로 눈을 돌리는 '몽상이'를 보면 더 그런 생각이 떠올랐다.

'몽상이'를 보면 교실 창문이 창살로 여겨질 만하다. '몽상이'는 평소 책을 많이 읽어서 그런지 호기심이 많고 상상력도 풍부하다. 그러나 틀에 박히는 걸 못 견뎌 하고 시험에도 약하다. 딱딱한 책상 위에서 바른 자세로 앉아 머리 아픈 교과서를 펼쳐놓고 공부를 한다는 것이 견디기 어려운 아이다. '몽상이'만 그런 것도 아니다. 대부분의 아이들이 비슷하다. 체험학습이나 야외수업으로 교실을 벗어날 때 좋아서 방방 뛰는 것만 봐도 알만하다. 이런 사실을 보면 자칫 교실 창문 넘어 도망치는 아이가 나올 법도 하다.

실제로 '창문 넘어 도망친 아이'를 만난 적이 있다. 지금으로부터 십몇 년 전의 6학년 기호였다. 기호는 세 차례나 무단으로 등교하지 않았다. 어떤 날은 두세 명이 합세하여 같이 나오지 않은 경우도 있었다. 경찰관님이 어떤 날은 피시방에서, 또 어떤 날은 찜질방에서 기호를 찾아 학교로 데리고 왔다. 기호에게 왜 그런 행동을 하는지 물었을 때 대답은 단순했다.

"교실에 박혀 공부하는 게 싫어서요."

기호의 대답은 변명보다는 솔직했다. 교사로서의 책임감에 미안하기도 했지만, 학교에 적응하지 못하는 기호의 현실도 답답했다. 학교에 온들 재미를 못 느끼는 아이였다. 초등학교지만 학교만 오면 공부로 시작해서 공부로 끝나는 일과에 실낱같은 성취감마저 느낄 일이 없으니 기호로선 학교라는 울타리를 벗어나고 싶은 마음일 수밖에.

조용해야 한다, 공부를 열심히 해야 한다, 공부를 누가 잘하나, 이 세 가지에 집중된 교실 속에서 아이는 설 자리가 없었던 것이다. 실제로 '창문 넘어 도망친 아이'는 한 명이었을지라도 지금 생각해보면 대부분의 아이들이 기호와 같은 마음이 아니었을까 싶다.

그럼, 교실환경이나 공부환경이 많이 달라지고 있는 이 시대 5학년 '몽상이'에게 지금의 학습환경은 어떤 문제가 있단 말인가?

요즘은 학생중심, 배움중심, 토의·토론, 협력활동, 스마트교실, 플립러닝(거꾸로)교실, 하브루타 등 학생 주도적 참여와 흥미를 고려한 수업이 많이 시도되고 있다. 그럼에도 불구하고 아직도 학교가 온전히 배움의 즐거운 보금자리가 되지 못하는 것은 무엇 때문일까? 아직도 불필요한 줄 세우기에서 완전히 벗어나지 못하는 교육시스템이 존재한다는 것이다. 초등학교의 문제만이 아니라 중·고등학교 및 대학으로 이어지는 줄 세우기 관계에서 용기 있게 자유로울 부모는 몇이나 될까?

하지만 중요한 것은 '줄 세우기'라는 무거운 외투를 벗겨버리는 교육, 그것이 아이들을 편안한 배움의 보금자리로 끌어들일 수 있을 것이라는 점이다.

그래서 교육계나 시민단체에서 아이들을 과도한 줄 세우기에서 벗어나게 하려고 관리 감독 또는 감시를 하는 경우도 있다고 한다. 특히 초·중고를 통틀어 성적순 반 배정, 성적우수자 시상, 친구고발상·벌점제, 명문대 합격 현수막 게시, 초등일제고사, 선행학습 금지 등 6대 영역에 집중하여 개선의 목소리를 높인다는 것이다.

실제 초등학교에서는 일제고사가 사라졌다. 일제고사보다는 수시평가로 성취기준 도달 여부를 가려내고 미도달 학생에 대한 보충지도를 목적으로 한다.

그럼에도 불구하고 부모들은 아직도 우리 아이의 줄이 어디쯤일지 몹시 궁금해한다. 실제로 학교에서 평가 방식에 대한 학부모 설문조사를 해보면 많은 학부모들이 연 2회 이상 학력평가 실시 및 평가 결과를 통지받고 싶다는 의견을 말한다.

요즘은 공교육에서 선행학습을 허용하지 않고 있다. 초등에서조차 선행학습이 왜 필요할까 싶은데, 부모들의 점수에 대한 집착이 아이들의 의사와 상관없이 선행학습 학원행을 강제하는 편이다.

보습학원에 따라 약간의 차이가 있겠지만 학원에서는 선행학습을 시켜주고, 정기적으로 시험을 쳐서 그 결과를 부모에게 통지해 주는 서비스를 친절하게 운영하고 있다고 한다. 대부분의 부모는 아이의 몇 년 후 입시 그림을 그리다 보니 그런 학원을 학교보다 더 신뢰하는 현실인 된 것이라 본다. 소위 '장인DNA' 보다 '장원급제DNA'에 더 빠져들 수밖에 없다는 현실이다.

참고로, 몇 년 전에『공부논쟁』이라는 책에서 김대식 서울대 교수는 이를 장원급제DNA와 장인DNA로 구분한 적이 있다. 장원급제 DNA는 호기심도 없고 빠져드는 것도 없지만, 시험 100점짜리 인간형이라고 했다. 반면, 장인DNA는 좋아하는 일에 스스로 깊게 파고드는 인간형이라고 했다.

어느 쪽이 미래지향적인 DNA일까? 진정한 교육에 관심을 가진 사람이라면 콕 집어내지 않을까?

초등학생 저학년생들은 받아쓰기를 엄청 좋아한다. 점수가 궁금하기 때문이고 좋은 점수로 칭찬받을 일이 생기기 때문이다. 받아쓰기가 끝나면 다른 아이들의 점수도 매우 궁금해한다. 짝이 점수를 못 받은 걸 알면 놀림감으로 이용하기도 한다.

그만큼 아이들은 유아 시절부터 남보다 앞서야 하는 강박에 시달려 왔음을 짐작할 수 있다. 부모의 걱정과 염려는 곧 아이 자신의 걱정과 염려가 된다. 그래서 100점 받는 게 부모에게 효도하는 것이라 여긴다. 쪽지 시험을 치러서라도 100점이라는 말을 들으면 좋아서 어쩔 줄 모른다. 교실을 나서는 순간 휴대폰을 켜고 100점 사실을 얼른 송신하는 진풍경을 목격할 수 있다.

내 아이가 지나치게 승부욕이 강하고 점수에 예민한 모습을 보인다면 부모로서 교육방법에 대한 성찰이 필요하지 않을까? 아이가 왜 이렇게 일찍부터 경쟁의식을 가지게 되었는지를, 100이라는 숫자를 왜 그렇게 좋아하게 되었는지를, 점수보다 더 중요한 가치를 왜 잊고 있었는지를.

클라우스 슈밥(Klaus Schwab)은 제4차 산업혁명을 이끌 교육으로 4가지를 들었는데, 그중 첫째로 꼽은 것이 칸막이 사고의 틀을 벗어나 다양한 생태계를 포용하고 통합하는 교육이라고 했다. 이것은 점수로 줄 세우기보다 타인을 위한 배려와 공감능력에서 가능한 것이며, 틀을 깨는 융복합사고로 나아가기 위한 전제조건이다. 어른부터 내 아이의 미래 교육에 대한 인식이 이렇게 바뀌어 가지 않으면 아이들은 무한 경쟁과 점수의 틀에서 허우적대야 할 것이다.

이제, 성적 줄 세우기에서 자유로워진 아이들을 상상해 보기로 하자. 우선 다섯 가지가 분명하게 떠오른다.

첫째, '나는 못 해'라는 자괴감이 사라진다.

둘째, '나도 잘 하는 것이 있어'라는 자존감을 가진다.

셋째, '나는 뭘 해야 할까?'라고 자기주도적 결정력을 키운다.

넷째, 친구의 장점을 인정해주는 공감 능력이 발달한다.

다섯째, 정서적 안정을 위한 다양한 영역에 관심을 기울이는 감성 지능을 갖춘다.

2015 World Economic Forum에서는 2020년에 갖추어야 할 역량으로 10가지를 꼽았다. 그중 타인과의 조정력, 자기결정과 판단력, 감성지능, 창의력, 인지적 유연성 등이 바로 과도한 성적 줄 세우기 경쟁에서 벗어날 때 가능하다는 걸 충분히 예상할 수 있다.

일부에서는 학력 하향평준화, 공정한 선발기회 박탈 등 부작용도 우려하고 있다. 하지만 아이들의 미래를 위한 교육이라면 학교에서는 이끌고 가정에서는 받쳐주는 모습으로 올바르게 방향을 잡아가야 할 것이다.

그래서 이제는 성적보다 아이의 장점을 찾아주는 역할을 해야 한다. 잘하는 점이 발견되면 타이밍을 놓치지 말고 즉시 "바로 그거야!"라고 엄지 척 해주는 것이다. 그러면 아이는 굴광성屈光性처럼 빛이 오는 쪽으로 무한히 뻗어간다. 지겹도록 들었을 '칭찬'의 효용성을 알고 있지 않은가? '몽상이' 같은 엉뚱한 아이, 점수나 틀에 대한 적응력이 떨어지는 아이도 학교를 따뜻한 배움의 보금자리로 여길 수 있다. 그리고 '꿈'이라는 걸 꿀 수 있다.

꿈을 가꾸는 세상을 제대로 열어주면 우리 반 '몽상이'뿐 아니라 내 아이 누구든지 자신만의 역량을 마음껏 내뿜을지 모른다. 에디슨(Thomas Edison), 빌 게이츠, 스티브 잡스(Steve Jobs), 조앤 K. 롤링(Joan K. Rowling) 같은 사람처럼 훗날 인류의 새 인물이 될지 모른다.

'장인DNA'를 가졌을 법한 '몽상이'에게 한마디 하고 싶다.

"몽상아, 걱정하지 마. 세상은 네 것이 될 수 있어. 그러니 창문 너머 도망치지는 말아."

햇살이 노는 교실

"으샤!"
일주일 만에
빠끔 떡잎 얼굴 내밀었습니다.

"와, 강낭콩이닷!"
"진짜 멋지다!"

아이들이 몰려와
나를 에워쌌습니다.

어둠 속에서
얼마나 용을 썼던지
얼굴이 하얘지고
다리가 후덜후덜 하는데

'멋지다'
그 한 마디……

나는
다리에 힘 꽉 주고 서 있습니다.

—동시집 『혼자가 아니야』 중에서

공부를 잘하게 하려면 공부에 대한 채찍보다는
다른 잘하는 것부터 불씨를 살려 주세요

람보는 오늘도 깜빡했다. 숙제를, 준비물을, 신청서를.

"또 까먹었어?"

람보는 머리를 멋쩍게 긁적였다. 표정을 보면 진짜 까먹은 것 같은데 행동을 보면 관심이 없는 것 같았다. 아주 중요한 것은 까먹을까봐 손바닥에 크게 적어줘도 소용이 없었다. 5학년임에도 불구하고 만날 "깜빡했다."는 반복되는 말이 람보는 부끄럽지 않은 모양이었다. 교사로서 그런 람보가 안타깝지만 이해되는 점도 있었다.

엄마가 있지만, 형편상 의사소통도 잘 안 되고 교육에 관심을 가질 수 없었다. 아빠는 먼 곳까지 일을 나가느라 아이의 학교생활이 어찌 되는지 관심을 가질 여력이 없어 보였다. 람보 자신도 학교공부에 대한 관심도가 낮고 자존감마저 바닥이었다.

람보의 가장 치명적인 학력결손은 국어가 아닌, 수학이었다. 수학이라는 특성상 기초가 없으면 실력을 쌓아 올릴 수 없는데 저학년 동안 기초를 다질 기회를 놓친 것 같았다. 수학을 유난히 싫어하게 된 이유이기도 했다.

아빠도 람보가 싫다는 수학공부는 억지로 시키고 싶지 않다고 했다. 그래도 담임으로서 람보 아버지와 꾸준히 상담을 했다. 교실에 남겨서 보충학습을 시킬 테니 협조해 달라고도 했고, 방과 후 무료 수강권으로 수학교실을 다닐 수 있도록 협조도 부탁했다.

람보는 선생님과 아빠의 말을 받아들여 처음 얼마 동안은 하는 척 하더니 이런 핑계 저런 핑계로 마음이 슬그머니 새고 있었다. 컴퓨터 교실도 가야 하고 태권도교실도 가야 하는데 시간이 없다는 말이었다. 아빠의 허락을 받았다는 것이다.

할 수 없이 쉬는 시간이나 점심시간에라도 수학 기초학습을 하자고 약속했는데 어느새 운동장에 나가 놀고 있었다. 결국, 람보 아빠와 다시 상담을 했는데 아빠의 결론은 이랬다.

"우리 람보는예. 수학이 엄청 싫다 합니다. 그래서 나도 지가 싫은 것 시키는 것보다는 지가 좋아하는 태권도도 하고 컴퓨터도 하는 게 더 맞다고 생각합니다. 수학 못해도 괜찮다고 생각합니다."

람보에게서 들은 말과 크게 다르지 않았지만, 아빠의 말을 직접 들으니 난감했다. 그래도 나는 물러서지 않고 기초학력은 아이가 앞으로 살아갈 최소한의 소양이기 때문에 포기해서는 안 된다고 설득하려 했다. 하지만 아빠는 오히려 역정을 내셨다.

아빠를 자신의 편으로 만든 람보는 태권도교실, 컴퓨터교실을 간다며 방과 후 기분 좋게 줄행랑을 쳤다.

'공부'라는 것은 학생으로서 포기해서는 안 되는 의무이다. 그리고 교사는 일정한 기준에 도달시켜야 하는 의무를 이행해야 한다. 아이가 포기하겠다고 해서 교사가 물러서서는 될 일이 아니었기에 고민거리였다.

람보에게도 사실 아이들이 부러워하는 면이 몇 가지 있다. 노래 목청이 좋아 노래를 잘 부르는 것이 그것이다. 특히 국악의 떨기 효과를 잘 내며 민요를 구수하게 잘 부른다. 그리고 무엇보다 인정해 주고 싶은 것은 상황극 연기다. 목소리, 표정, 몸짓에 대한 특별한 지도를 받지 않았는데도 저절로 나오는 끼 같은 것이 보인다.

한번은 람보 아빠가 처음으로 공개수업에 참관한 적이 있었다. 그날 수업은 국어과 수업이었는데 모둠별 상황극을 표현하는 활동이었다.

그 누구보다 선생님, 친구들은 물론 참관한 친구들의 엄마로부터 가장 실감 나게 표현한 인물로 람보가 박수를 제일 많이 받게 되었다. 자존감이 낮았던 람보와 그를 지켜보던 아빠의 얼굴은 무척 상기되었고, 수업을 마친 후 아빠는 교사에게 다가와 눈물을 글썽이며 아이의 새로운 면을 보았다고 감격했다. 나도 '람보는 무엇이든 하면 잘 할 수 있는 아이'라고 진심으로 치켜세워 주었다.

"오늘은 일거리가 없어 쉬고 있는 참이라 왔지예. 람보가 무얼 하는지 무얼 챙겨야 하는지 잘 모르고 있었습니더. 앞으로는 람보를 잘 챙겨보겠습니더."

턱수염이 희끗희끗해 보일 정도로 할아버지 같은 람보 아빠지만 람보에 대한 희망만은 잃지 않겠다는 표정이 역력했다.

그런 일이 있은 지 얼마 후 주민센터의 지원으로 학교에 연극반이 개설된다고 했다. 나는 람보를 연극반에 적극 추천하였다.

가을 학예발표회를 앞두고 람보는 재능을 인정받아 춘향전의 주연인 변 사또 역을 맡았다. 수학이랑 공부는 뒤처지지만 이러한 활동에서는 자신의 진가를 발휘하기 시작한 것이다. 그 많은 대사를 오롯이 외워 무대 위에서 변 사또 역을 멋지게 소화해 내었다. 친구들은 물론 많은 학부모, 선생님들에게 람보의 존재감을 확실히 드러낸 소중한 경험이 될 수 있었다.

람보의 이야기는 학교에서 일어난 하나의 작은 사례에 불과하다. 하지만 꿈을 이루어간다는 점에선 앞으로 어떤 큰 인물이 될지 모르지 않는가?

실제로 어려운 환경 속에서 공부보다 자신의 특기를 살려 자신의 끼를 살려 성공한 인물들이 얼마나 많은가?

배우 힐러리 스웽크(Hilary Swank), 실베스터 스탤론(Sylvester Stallone), 희극인 찰리 채플린(Charles Chaplin), 사업가 커넬 샌더스(Harland David Sanders), 격투기인 반다레이 실바(Wanderlei Cesar da Silva) 등의 유명인들이 있다. 뿐만 아니라 우리나라에도 문화예술인, 연예인, 스포츠인, 기업인, 학자 등에서 입지전적인 인물들이 많지 않은가.

요즘 계층 이동 사다리가 끊겼다고 자조하는 사람들이 많지만 그래도 자신의 역량에 따라 성공신화를 창조할 수 있다고 믿는 사람도 많다.

람보가 어른이 되어가면서 어떤 선택을 할지 아직은 잘 모른다. 다만 확신만은 있다. 자신이 잘할 수 있는 길로 끊임없이 달려갈 거라고. 수학공부 대신 태권도교실로 쏜살같이 달려가듯이 말이다. 어쩌면 람보는 지금처럼 태권도를 열심히 배우고 연기의 재능도 가꾸어 본다면 영화 속 '람보'가 되었던 실베스터 스탤론 같은 액션 배우가 되지 말란 법 없다.

교사로서 학부모와 상담을 하며 '모든 걸 잘 해야 한다는 욕심을 버려라'라고 조언을 한다. 공부도 잘하고 특별한 재능도 있으면 얼마나 좋겠나. 하지만 일부러 그렇게 만들기 위해 초등학교 시절부터 아이를 고통스럽게 만들 필요가 있을까? 그 고통은 결국 정서적, 행동적 일탈로 나타나기도 하니까.

물론 어릴 때부터 기초·기본 학습력은 잘 갖추어야 한다. 람보 아빠처럼 수학이 부족하다고 일찍부터 수학에 손을 떼려고 하는 것도 적절하지는 않다.

중요한 것은 당장의 학력을 높이 쌓기 위한 채찍질보다는 다양한 경험과 폭넓은 사고 과정에서 개인의 잠재력을 신장시키는 타이밍을 놓쳐서는 안 된다는 점이다. 타이밍을 놓칠수록 회복탄력성이 무척 떨어진다.

처음 람보는 수학 때문에 학교에서의 행복도가 떨어졌고 교실에서 도망치고 싶은 욕구가 강했다. 람보가 뒤늦게나마 아빠의 정신적 지원을 받을 수 있었고, 자신의 잠재력을 확인해 가는 과정도 겪을 수 있었던 건 다행이었다. 람보는 학원에 일부러 밀어 넣지 않아도 자신의 발목을 잡던 수학에도 조금씩 자신감을 회복하기 시작했던 것이다. 틈틈이 수학 기초를 다지는 일에도 적극적으로 협조해 주었던 것이다. 그 결과 어려워하던 문제를 하나 풀어내었을 때 스스로 '아하!'하고 탄성을 지르는 모습은 지금도 잊을 수 없다. 아마 람보가 앞으로 인생 문제도 그렇게 풀어가지 않을까 기대를 하게 된다. 람보 이야기를 통해서 새삼 발견한 점은 한 가지다. 공부를 잘되게 하려면 채찍을 가하기보다는 다른 잘하는 것부터 불씨를 살려야 한다는 점이다. 그것은 교사의 역량이기도 하고 부모의 역량이기도 하다.

"람보, 힘내, 아자!"

활처럼

누군가에게
나도 한번 멋지게 꽂혀봤으면

바람 짓궂다고 탓하지 않고
비뚤어지려는 마음 다잡아

그 어렵고 힘든 길 뚫고
쭈욱 ──────→ 나아간다면

나도 언젠가는
울 엄마 마음 한가운데에
우리 선생님 미소 한가운데에

탁, 탁 꽂혀지겠지

―동시집 『숲 속 마법의 나라』 중에서

엄마는 잔소리쟁이?

잔소리는 반항이 되고 칭찬은 방향이 된답니다

"우리 엄마는 잔소리쟁이에요."

참새처럼 재잘대기 좋아하는 1학년을 가르칠 때의 일이다.

쉬는 시간 내 곁으로 다가온 아이들 중 한 명이 일러주듯이 말했다. 옆에서 듣고 있던 다른 아이 한 명은 그 아이를 부럽다는 듯이 쳐다보며 말했다.

"우리 엄만 잔소리를 안 해요. 너무 바쁘거든요."

맞다. 잔소리쟁이 엄마도 있지만 잔소리하고 싶어도 못하는 엄마도 있다. 대체로 엄마들은 잔소리쟁이라고 보면 될 것 같다. 아무래도 아이에게 가장 큰 관심을 기울이는 사람이 주로 엄마니까.

나 역시도 딸로부터 잔소리 많이 한다는 불만을 들었던 편이다. 그럴 때마다 내가 하는 말이 있었다.

"엄마의 잔소리는 보약이야."

그러면 딸은 한 마디도 지지 않을 듯 따박따박 말했다.

"그런 보약은 약발 없어요."

"네가 이만큼 탈 없이 자란 것도 잔소리 보약 덕 아니겠어?"

"아니죠. 잔소리가 없었다면 스트레스가 없어 키도 더 자랐을 거고 여드름도 덜 났을지 모르잖아요."

그러건 말건 잔소리를 멈출 수 없었다.

"애, 책상 정리 좀 잘 해라."

"알아서 합니다."

아예 방어막을 치는 반항적인 말투가 한없이 거슬리지만, 잔소리도 귀찮아서 '그래, 알아서 하겠지.'라고 색종이 접듯 마음을 접어 버렸다.

그러곤 '이참에 잔소리를 줄여보자'고 다짐하며 잔소리 없이 버텼다. 잔소리 나올까 봐 일부러 아이 방문을 급습하지 않았다. 아이가 없을 때나 방에 들어가 보곤 했다.

어느 날, 딸이 학교에서 처음으로 상장을 들고 와서 큰소리를 쳤다.

"봐욧. 내가 알아서 잘 했잖아욧."

나의 입에서 축하보다는 비딱한 말이 나오려고 입이 근질근질했다.

'황소 뒷걸음질 치다가 쥐 잡는 격 아닌가?'

하지만 애써 머릿속에 기억하고 있던 이성적인 말로 반응했다.

"그래, 잘 했구나. 좋은 결과를 내서 엄마도 기뻐."

"다음에는 더 잘할 거니까 기대하슈."

역시 잔소리보다 칭찬받았을 때 아이의 말도 변한다는 걸 목격하는 순간이었다. 나는 대화에도 기술이 있다는 걸 알면서도 실천하지 않고 있었던 것이다. 이를테면 비난의 입장에서 말하는 '너 전달법'이 아니라 '나 전달법' 말이다. '나 전달법'[1]은 상대방의 행동과 그 행동의 결과를 구체적이고 객관적으로 전달하기 때문에 상대와 진정한

---

1 『사회복지 용어사전』, 서강훈, 이담북스

감정 교류가 가능하다는 것이다. 잔소리가 아닌 사랑의 대화법을 내 마음속에서 끄집어냈던 것이 참 다행이었던 것 같다.

철학자 탈레스는 '남에게 충고하는 일은 가장 쉽고 자기 자신을 아는 것은 가장 어렵다'고 했다. 부모는 아이가 만만하니까 충고를 쉽게 생각하며 날마다 잔소리를 꿰기 십상인 것이다.

고도원의 『아침 편지』에서도 이런 말이 나타나 있다.

> 사람을 만나면 충고부터 하는 경우가 더러 있습니다.
> 애정이 있기 때문이라고 할 수 있지만
> 사실은 습관처럼, 입버릇처럼 하는 경우가 더 많습니다.
> 남에게 하는 충고의 방향을 내 안으로 돌리면
> 성찰이 되고 나를 돌리는 명상이 됩니다.
> 처음에는 어렵게 느껴지지만, 자꾸 하면 점차 쉬워집니다.

애정을 준다는 목적으로 습관처럼 내뱉는 충고 대신 자신부터 성찰이 필요하다는 의미라고 읽는다. 예를 들어 아이의 스마트폰 사용 때문에 잔소리를 하고 있다면 부모부터 스마트폰을 잘 사용하고 있는지 되돌아보는 게 먼저라고 보는 것이다.

잔소리에 대해 이렇게 이구동성으로 경계를 하고 있는 현실이지만 애정 결핍을 느끼는 아이는 잔소리조차 듣고 싶은 마음이다. 그 예가 바로 앞에서 언급했던 1학년 우리 반의 두 아이다.

희한하게도, 엄마의 잔소리가 심하다고 말하는 아이는 표정이 밝은 편인데, 엄마의 잔소리를 못 듣는다는 아이는 표정이 어두웠다.

아직 어린 편이어서 엄마의 잔소리를 엄마의 관심으로 받아들이는 것은 다행이었다. 엄마를 잔소리쟁이라고 일러주듯 말하는 아이는 엄마의 사랑을 에둘러 자랑하고 싶었는지 모른다. 반면 엄마의 잔소리를 듣고 싶은 아이는 엄마와 가까이 있고 싶은 욕구를 표현한 것인지 모른다.

아직은 사춘기와 거리가 먼 어린아이로서 엄마 그 자체를 좋아하는 순수한 마음이다. 문제는 점점 자아가 발달해 갈수록 '잔소리하는 엄마가 지긋하다'는 표현을 하기 시작하는 것이다.

교사로서 학부모님들과 오랜 기간 소통한 결과를 종합해보자면, 1, 2학년까지는 병아리처럼 부모 치맛자락을 졸졸 따라다니며 말을 잘 듣는 편이다, 3학년쯤 되면 아이가 부모 말에 어깃장을 놓기 시작한다, 그래도 4학년까지는 견딜만하다, 5학년부터는 부모의 말에 짜증을 잘 낸다, 6학년이면 부모 말은 무시하면서도 친구 말은 왕창 받든다 등이었다.

아이가 커 갈수록 부모의 진심 어린 잔소리까지 저항감을 불러일으킬 소지가 많다는 의미다. 이럴 때 그냥 두고 볼 것이 아니라 현명한 대처가 필요한 것이다. 그것이 바로 칭찬으로 역대응하는 전략이다.

이러한 생각의 전환과 관련하여 『The Secret』에서 소개된 문구를 소개해 보고자 한다.

어떤 싸움이나 다툼이나 고통에 정말로 화를 내면, 거기에 에너지만 더해주는 셈이 된다. 우리는 자신을 채찍질하지만 그러면 저항감만 일어날 뿐이다. ─헤일도스킨

원가에 저항하면, 그것은 사라지지 않고 버틴다.　　-카를융

　세상 만물은 생각 하나에서 비롯되었다. 큰일이 더 커지는 것은 더 많은 사람이 거기에 생각을 보내기 때문이다. 그러면 그 생각과 감정 때문에 그 사건이 계속 존재하면서 더 커지게 된다. 생각을 전환해서 그 일을 잊어버리고 사람에 집중한다면, 그 일은 존재하지 못할 것이다. 증발하여 사라질 것이다.　　-론다번

　실제로 칭찬과 관련하여 좋은 사례를 경험한 적이 있었다.

　6학년인 예민이는 학교에서 내준 신청서를 못 가져왔다. 신청을 하고 싶어 꼭 가져오겠다고 하면서도 제출 기한을 넘겼다. 못 가져온 이유를 물으니 놀라운 대답이 돌아왔다.

　"엄마와 냉전 중이에요. 엄마가 싸인을 안 해 줘요."

　결국은 담임으로서 엄마와 통화를 하여 아이 문제를 상담하기에 이르렀다. 엄마는 엄마대로 아이는 아이대로 스트레스를 받으며 말 그대로 냉전 중이었던 것이다. 아이의 얘기를 들으면 엄마의 잔소리가 심하다는 것이고, 엄마의 얘기를 들으면 아이가 말을 너무 안 듣고 고집이 세다는 것이었다.

　'엄마와 아이가 정서적으로 빨리 제자리를 찾지 못하면 안 되겠구나'하는 안타까움이 들어 담임으로서 각자에게 한 가지씩 주문하기로 했다. 먼저 어머니에게 전화했다.

　"어머니, 예민이에게 오늘 하루는 잔소리 말고 칭찬 한 가지 해주세요. 오늘 예민이가 음식을 남기지 않고 골고루 잘 먹었어요."

　예민이 엄마는 시큰둥하게 말했다.

　"원래 음식은 골고루 잘 먹는 편이에요."

"그래도 꼭 칭찬해주세요~."

다음으로 예민이에게 주문했다.

"예민아, 오늘은 엄마가 말씀하시는 것마다 무조건 '고맙습니다'라고 말해 봐."

"왜요? 고마운 것 없을 텐데."

그 다음 이야기부터는 '해피엔딩'으로 조금씩 진행되기 시작했다.

마침 가정의 달을 맞이하여 학급에서 '내가 주는 상' 프로그램을 운영하였는데, 어린이날 '내 아이에게 주는 상'에서 예민이 엄마는 예민이에게 '효녀상'을 주었다.

이어지는 어버이날 '내 부모에게 주는 상'으로 예민이는 '잔소리 안 하는 상'을 드릴 거라고 했다. 엄마의 잔소리가 팍 줄었다는 것이었다.

"그래그래. 아주 참신한데?"

나는 적극 지지해 주며 격려해 주었다.

사실 예민한 고학년이어도 아이는 아이라는 걸 깨달을 때가 많다. 제아무리 예민하고 거칠어졌다지만 사탕 하나에 눈을 반짝이고 칭찬 한마디에 입이 벌어지는 모습, 사랑을 많이 받고 싶은 눈빛에서 아직은 말랑말랑한 마음으로 꽉 차 있음을 말이다.

아이에게 잔소리는 반항이 되지만 칭찬은 방향이 된다는 말을 이 자리에 남기고 싶다. 오늘 당장 사랑하는 내 아이에게 '잔소리 말고 뭐가 있을까?' 고민할 것도 없이 칭찬으로 역대응해 보는 거다.

엄마 귀는 달라요

엄마랑 도서관 갔어요.

책 넘기는 소리
코훌쩍이는 소리

시끄럽다고 해서
살살 하고 있는데

딴 생각하는 소리
잠 오는 소리

그것까지 들리는지
눈빛 쏘아대는 엄마

아무튼
우리 엄마 귀는
'귀신'할 때 '귀'라고요!

－동시집 『혼자가 아니야』 중에서

완벽이가 완벽할 수 없었던 이유

부모가 생각하는 최고의 협박은 뭘까?

내가 어렸을 적엔 "밥을 안 주겠다."는 말이었다. 나의 어린 시절엔 밥 외엔 먹을 게 귀했으니 밥까지 못 먹는다고 생각하면 아이에게 두려운 말이었기에 꽤 먹혀들던 협박이었다. 적어도 나에겐 아주 그랬다.

실제로 여섯 식구 모두 밥상머리에 둘러앉아 밥을 먹고 있을 때 나는 벌로써 밥을 못 먹은 적이 있었다. 엄정한 우리 아버지의 벌이었던 것이다. 얼마나 서럽던지 눈물, 콧물이 범벅될 정도로 울었던 기억이 있다.

"엉엉, 나는 밥 묵을라꼬 얼매나 기다렸는데…… 배고파 죽겠다이가. 엉엉."

그 후 우리 아버지는 내가 제일 두려워하는 이 점을 미끼로 '밥 안 주겠다'고 자주 협박한 것 같다. 반찬이라고 해봐야 된장, 김치, 짠지 등이었지만 밥상머리에서 쫓겨난다고 생각하니 겁이 날 수밖에. 먹는 것 가지고 아이를 협박하다니, 요즘 같으면 부모 자격 운운할 수도 있고, 아동학대죄로 신고감이 될지도 모르겠다.

아동학대죄가 처벌감으로 대두된 요즘이라고 해서 부모의 협박이 없을까? 은연중에 더 많이 발생하고 있는 것은 아닐까?

5학년 학급 아이들에게 최근 한 달 동안 부모로부터 협박을 들어 본 경험이 있으면 손을 들어 보라고 했다. 그랬더니 그 수가 생각보다 많아 놀랬다. 어떤 협박을 제일 무서워하는지도 물어봤다.

"'휴대폰을 압수하겠다'는 거예요."

"그럼 '밥을 안 주겠다'는 말은 어떻게 생각하니?"

아이들이 크크크 웃어대며 소리치기 시작했다.

"밥을 안 주면 용돈으로 햄버거 사 먹으면 되잖아요?"

"학교에서 급식 먹으면 되잖아요?"

"엄마 없을 때, 라면 끓여 먹으면 돼요."

"밥 안 준다는 말은 못 들어봤어요."

평소 책을 많이 읽던 소민이는 아주 진지하게 말했다.

"선생님, 밥은 인간에게 가장 중요한 의식주 중 '식食'이잖아요? '식'을 안 주는 부모는 아동학대하는 것 아닌가요?"

사실 부모들이 아이들의 훈육법으로 협박을 쉽게 사용하고 있지만, 잘못이라고 잘 느끼지 않는 편이다. 아동에 대한 협박은 「아동학대범죄의 처벌 등에 관한 특례법」에 의거 정서학대의 범주에서 처벌받는 것이다.

그걸 차치하고라도 부모의 협박이 아이에게 통할까? 대개는 '아니오' 할 것이다. 그 순간에 대한 자극용일 뿐이라는 걸 부모도 모르는 바가 아니라는 것이다. 어린아이니까 두려워하는 일시적 자극을 받기는 하겠지만, 횟수가 거듭될수록 역효과만 생긴다는 것을.

자녀교육으로 유명한 유대인의 자녀교육 25가지 지침 속에 이런 게 있다.

'자녀들을 협박해서는 안 된다. 벌을 주든 용서를 하든 둘 중에 하나밖에 없다.'

이것은 협박 무용론을 강조하는 의미다. 차라리 사랑의 벌을 주는 게 낫다는 말을 곱씹어볼 일이다.

어느 분은 협박이란 부모가 자녀들의 잘못에 대한 명쾌한 결단을 내리지 못한 데서 생기는 초조감이 변질된 것이라고 진단하기도 했다. 그만큼 협박은 부모의 자격을 의심케 할 만큼 좋지 않은 방법임을 알려주는 것이다.

완벽이라는 아이의 이야기를 해볼까 한다.

완벽이는 표정과 외모 모두 자로 잰 듯 반듯하다. 교실에 파리 한 마리라도 보일라치면 야단법석을 떠는 주변 친구들과는 달리 완벽이는 제자리를 잘 지키며 크게 동요하지 않는다. 자기 영역을 잘 지키기 때문에 친구들과 다툼도 잘 일어나지 않는다. 쉬는 시간이나 점심시간 밖에 나가 놀기보다는 실내에서 왔다 갔다 하는 편이다. 때로는 무언가 열심히 쓰고 있어서 가까이 가서 물어보면 학원 숙제를 한다고 했다. 대화할 때의 표정은 시무룩하고 담담하고 단조로운 편이다.

완벽이는 기말평가나 학습지 평가를 하면 결과가 높게 나온다. 과제해결도 빠짐없이 해오는 편이다.

그런데 수업시간 발표나 표현활동에서 완벽이는 무기력하다. 거의 스스로 발표할 의사가 없고, 하더라도 소리가 주눅이 들어 있어 힘차게 나오지 않는다. 글쓰기를 하면 글씨는 의외로 제멋대로이다. 글의 내용도 단조롭다. 그림이나 신체 표현활동에서도 창의적으로 구상하지 못하고 자로 잰 듯 반듯하게만 하려고 한다.

이런 완벽이가 한 번은 방과 후 학교를 마치고 집에 가려다 신발이 없어진 사실을 뒤늦게 알게 되었다. 아이로부터 휴대폰으로 연락을 받은 엄마는 부리나케 학교로 달려와 아이와 함께 담임 선생님인 나에게 찾아왔다. 엄마는 아이에게 신발을 어디 벗어놓았나, 또 잃어버렸네 등 잔소리를 하다가 나중에는 이제 신발을 안 사주겠다고 담임 앞에서 아이를 협박까지 했다. 아이는 신발을 안 사주겠다는 말이 협박이라는 걸 알면서도 엄마의 목소리에 주눅이 들어 몹시 불안한 기색으로 눈물을 뚝뚝 흘리고 있었다. 듣는 내가 민망해서 어머니에게 아이 잘못이 아닌 것 같다, 아마 신발이 어디서 나올 거다, 오늘은 실내화를 신고 가면 된다, 등으로 아이나 어머니에게도 안심시키려는 말부터 먼저 했다. 그러고는 "혹시 오늘 수업을 마치고 도서실은 가지 않았니?"라고 물었더니 "간 적 있어요."라고 했다. 알고 보니, 운동화는 도서실 신발장에 벗어놓았는데 그걸 까마득히 잊고 있었던 것이다. 완벽이가 착각을 했던 것이다. 엄마는 그 실수를 또 나무라기 시작했다.

평소 완벽이 부모는 학교행사 참여도 누구보다 열성이고 자녀교육에 관심이 남달라서 참 좋은 부모라고 생각하고 있었는데…….

그 후 상담 기간에 부모와 대화해 보았더니 완벽이의 부모는 완벽이에게 잦은 협박과 꾸중을 하고 있었다는 사실을 알게 되었다. 아이를 누구보다 반듯하게 키우고 싶은 욕심 때문이라고 했다.

완벽이의 평소 무기력한 행동은 부모의 강한 훈육법에 따른 심리적 위축의 결과가 아닐까? 그래서 착한 심성을 가진 완벽이에게 협박이나 야단보다는 엄마의 따뜻한 위로가 더 필요하지 않았을까? 그랬다면 학습면 뿐 아니라 모든 면에서 자신감을 가지고 활기찬 모습을 보이지 않았을까?

그날 나는 교사로서 반성문을 썼다. 나 스스로에게.

'반성합니다. 저는 교사로서 협박이 나쁜 걸 알면서도 협박을 사용했습니다. 수업시간 떠들면 쉬는 시간 주지 않겠다고 했습니다. 선생님 말 안 들으면 현장학습 안 가겠다고 했습니다. 발표를 안 하면 남겨서 '발표하는 연습을 시키겠다고 했습니다. 진짜 그러고 싶은 마음보다는 협박용이었습니다. 지금, 당장, 빨리, 일시적으로 효과를 내기 위한 꼼수였습니다. 교육은 그렇게 이루어지지 않음을 알면서 사이비 교육방법을 썼습니다. 양은 주전자에 물 끓이듯, 빠른 결과만 고민했던 것 같습니다. 겁부터 주는 거짓 교육방법을 폐기하겠습니다.'

이쯤에서 박연철의 동화 『망태 할아버지가 온다』가 떠오른다. 아이가 밥 빨리 안 먹는다고, 거짓말한다고, 엄마는 자주 협박한다.

"망태 할아버지가 널 잡아갈 거야."

말 안 듣는 아이 잡아다 혼을 내주고, 우는 아이 입을 꿰매고, 밤 늦도록 잠 안 자는 아이를 올빼미로 만들어 버린다는 망태 할아버지, 그런데 아이만 잡아가는 게 아니라 아이 말 잘 안 듣는 엄마까지 잡아 가버리는 망태 할아버지, 아이도 엄마도 서로 말 잘 들어주도록 만들어준 망태 할아버지, 모두의 등짝에 하얀 도장 '꽝꽝' 찍어 보내는 망태 할아버지, 그런 할아버지라면 잡혀가도 겁낼 일이 아닐 테지만…….

아무튼 협박은 아이를 두려움으로 몰아가는 부질없는 훈육 방법이며, 협박하는 사람은 나쁜 사람이라는 걸 망태 할아버지로부터 배우게 된다.

그 때만 딱

공부시간에 조용히 하고 싶은데
안 돼. 그게 안 돼.

"이준호!"
"예!"

내 눈이
선생님과 딱 마주치면

그 때만 딱
내가 조용하다.

선생님은
그 때만 딱 진짜 나인 줄 안다.

선생님은 바보다.

—동시집 『혼자가 아니야』 중에서

워거즐튼무아!

마음이 무겁고 아픈 내 아이에게 이젠 '워거즐튼무아' 약을 주세요

"라몰도지일꽃팔나 라몰도지일박수 워거즐튼무아."

'이게 무슨 말이지? 우리말 맞아?'라고 생각하는 사람이 많을 것 같다.

우린 꼭 왼쪽에서 오른쪽으로 읽어가는 패턴에 익숙하다. 때로는 오른쪽에서 왼쪽으로 읽어볼 수도 있는데……

아이들의 말도 때로는 바로 듣지 말고 반대로 들어야 이해가 되는 경우가 있다. 본마음을 은근히 숨기려는 심리적인 언어라고 할까?

아이가 반대로 말할 때는 얼른 읽어 들일 줄 아는 것도 부모의 능력이다. 내 아이의 심리적인 언어를 읽어내지 않으면 사사건건 오해가 쌓이면서 아이와의 진정한 소통이 어려워진다. 실제로 내가 겪은 경험담이기도 하다.

'저 말은 쟤의 심리적인 언어야.'라고 생각하며 그에 맞는 호응을 해주니 표정이 확 달라진다. 특히 아이가 사춘기가 시작되는 시기엔 말보다 표정을 더 살펴야 하는 이유가 있는 것이다. 표정은 바로 심리의 표현이니까.

이는 부모로서 '내 아이'를 바라보는 관점이 다양해야 한다는 의미이다. 많은 부모도 이를 알고 있지만, 실천이 잘 안 되는 점이 자녀교

육의 어려운 점이다.

이야기 속 『워거즐튼무아』의 왕자는 화려한 성곽 안에서 행복하게 살 것 같은데 왜 시름시름 아프고 무기력한 모습이 되었을까? 이 '왕 자'라는 캐릭터는 우리 부모들에게 어떤 점을 말해주는 걸까?

잠깐, 여기서 『워거즐튼무아』라는 이야기를 왕자의 입장에서 소개 해 보자면 이렇다.

우연히 왕자의 마차가 뚱보 아줌마의 밭을 지나게 된다. 왕자는 널판 지에 적힌 '아무튼즐거워'를 '워거즐튼무아'로 거꾸로 읽는다. 성안에서 세상의 지식은 알고 있어도 또래의 아이들이 다 아는 건 모르는 왕자 이다. 짜여진 공부와 규칙, 재미없는 식사로 지치던 어느 날 성 밖에서 우연히 본 뚱보 아줌마의 '워거즐튼무아'를 보고 그 파이를 먹고 싶다고 한 것이다. 신하들은 수소문해 뚱보 아줌마를 성안으로 데리고 와 왕자 가 말한 '워거즐튼무아' 파이를 만들어 달라고 제안을 한다. 그리고 뚱 보 아주머니는 그 파이를 만들어 건네며 왕자에게 3가지를 부탁한다.

1. 시냇물 가에서 먹어야 한다는 것

2. 편한 옷차림으로 먹을 것

3. 또래들과 나누어 먹을 것

왕자는 이를 받아들이고 시냇가에서 또래들과 어울려 음식을 즐 겁게 나누어 먹는다. 왕자는 예전보다 더욱 건강하고 총명해진다.

이 이야기 속에서 주목할 왕자의 '상황'은 어른 속에 속박되어 마음 이 병들어 간다는 점이다. 지금의 내 아이가 처한 '상황'과 비슷하다 고 여겨지지는 않는지.

성안에서 많은 대신으로부터 보호를 받는 귀하신 왕자에게 내 아이를 견주는 건 얼토당토않은 말이라고 누군가는 항변할지 모르겠다. 하지만 주변의 가정을 들여다보면 '상황'이 비슷한 아이가 많다. 그러기에 『워거즐튼무아』가 그림책이면서도 성장기 아이는 물론 부모에게도 끊임없이 공감과 사랑을 받는 것이라고 생각한다.

우리 반에 무남독녀 '공주'가 있었다. 엄마는 이름 대신 '공주'라고 불렀는데, 집에서만 부른 게 아니라 친구들 속에 있을 때도, 담임과의 상담이 있을 때도 '우리 공주'라고 아낌없이 불러주었다. 이른바 엄마의 보호를 원도 한도 없이 받는, 엄마라는 성안의 '공주'였다.

엄마는 아침 등교 때 교문을 지나 교실 출입구까지 아이의 책가방을 들어다 주었다. 아이의 안전을 위해 교문까지 바래다주는 여느 부모님과는 좀 달랐다. 심지어 하교 때도 교실 출입구 앞에서 기다렸다가 학원까지 대신 들어다 준다고 했다. 알고 보니 1학년부터 시작된 엄마로서의 시중 역할은 아이가 2학년이 되어도 변함이 없었던 것이다.

'공주'의 긴 머리카락은 날마다 다르게 최신 유행 장식품으로 치장되거나 머리카락 한 올 날리지 않도록 단단히 땋아져 있었다. 그리고 '공주'의 옷은 분홍, 보라, 하양, 베이지 등 다양한 컬러로 바뀌며 진짜 공주처럼 예쁘게 입혀져 있었다. 가정형편이 다른 아이들보다 특별한 것이 아니었다. 엄마의 완벽한 코디 덕분이었다.

'공주'의 일기, 숙제, 준비물 등 곳곳에서 엄마의 지나친 손길을 느낄 수 있었다. 학급에서 '내 아이' 것이 가장 빛나야 한다는 결과였던 것이다. 대회가 있는 학교행사가 있다면 엄마의 관심은 더욱 높아졌고 '공주'의 관심도 다른 친구들보다 달랐다. '상'에 대한 욕심 때문이었다. 이러다 보니 학교생활 속에서 그 부작용이 만만치 않게 드러났다.

모둠 활동을 할 때 혼자 독차지하려는 행동 때문에 '공주'가 끼어 있는 모둠은 다툼이 많았다. 그러다 보니 한 달에 한 번 실시하는 자리바꿈에서 '공주'랑 서로 모둠을 하지 않으려는 눈치가 많았다. 쉬는 시간 놀이를 할 때는 '공주'가 우기는 일이 많아 재미가 없다고 잘 끼워주지 않으려고 했다.

'공주'는 그럴수록 엄마에게 의존하는 경향이 많았고, 엄마도 '공주'를 더 세게 감싸주었다.

내 아이의 기를 살리고 싶은 엄마의 마음에서 비롯된 것이었지만 담임으로서 안타까움이 많았다. 교실 주변에서 '공주' 엄마와 마주칠 때마다 에둘러 말하곤 했다.

"어머니, 아이는 이제 혼자 잘할 수 있을 거예요."

"그래도 2학년 때까지는 챙겨주려고 해요. '공주'가 워낙 완벽주의라서요."

엄마는 아이가 완벽주의라고 했지만 '엄마의 완벽주의가 아이에게 전염된 것이 아니겠느냐'고 속으로 생각했다. 설령 아이가 의욕이 많아 과한 욕심을 부리더라도 부모가 균형을 잡아주는 것 또한 부모의 역할이 아닐까? 나는 '엄마를 보면 아이가 보이고 아이를 보면 엄마가 보인다.'고 교사들 사이에 회자되는 말을 떠올렸다. 교사들은 그만큼 엄마가 아이에게 끼치는 영향이 중요하다고 받아들인다는 의미다.

'공주'는 점점 갈수록 친구들과의 어울림에서 갈등이 자주 발생하고 있었다. 그러자 엄마가 굉장히 속상해했다. 결국, 엄마는 담임과의 상담을 요청해 왔다.

'공주'가 뭐든 잘해서 칭찬받고 싶은 욕구가 아주 높다고 했다. 유치원부터 쭈욱 그래왔다는 것이다. 엄마 자신이 소위 '극성 엄마'가 되어버린 이유라고 말했다. 거의 밀착 형태로 아이를 따라다니며 목표 도달을 위해 잔소리는 필수고 협박도 없지 않았다고 했다. 그런 자신의 잘못된 애착에 대해 이제는 바꾸어 보아야겠다고 말했다.

상담 이후, 하교 때는 '공주' 혼자 학원으로 가도록 조금씩 거리를 두는 듯했지만 여전히 미술, 음악 등 학원 '뺑뺑이'에서는 벗어나지 못하고 있었다. 그리고 친구들에게 양보를 하고 지내라는 등 다른 차원의 관심을 가지기 시작하는 것 같았지만, 아이에 대한 욕심은 쉽게 변하지 않았다.

해가 바뀌어 들은 소식인데 '공주'는 3학년이 되어 반장선거에서 떨어졌다고 했다. 아이도 엄마도 아이도 충격이 컸다는 말이 나돌았다. 결국, 2학기를 시작하며 이웃 소도시로 이사를 갔다고 했다. 그런 소식을 접한 나는 '공주'가 새로운 환경에서 새롭게 출발해 보는 것도 좋은 방법이라는 생각이 들었다.

경쟁이 비교적 덜한 그곳에서 엄마가 새로운 마음으로 아이를 바라보고 좀 더 올바른 소통으로 돌봐준다면 아이도 편안하게 친구들과 잘 어울리지 않을까? 그래서 엄마 의존 없이 행복한 학교생활을 하지 않을까? 전학이라는 아픔이 있었지만 그래도 행복의 새로운 시작이 될 것 같았다. 성 밖으로 나가 친구들과 음식을 즐겁게 나눠 먹으며 몸과 마음이 더 건강해진 '왕자'처럼 말이다.

나는 '공주'가 『워거즐튼무아』의 왕자처럼 자기 삶의 주인공으로 다시 태어나 앞으로 쭈욱 친구들 속에서 행복하기를 바라는 마음 간절했다.

욕심이 지나친 부모는 아이에게 지금 이 순간(now&here)의 행복을 보장해 줄 수 없다. 간과하고 만다. 미래를 위해서라며 행복을 이월시킨다. 그래서 이런 말도 있다.

'극성 부모의 자녀는 왜 행복하지 않을까?'

이 물음을 곰곰이 새겨본다면 부모와 자녀 간의 거리는 역시나 등거리법칙이다. 아이가 매일 '아무튼 즐거워.'라고 소리칠 수 있다면 그건 행복하다는 증거다. 그건 자신의 삶이 누군가에 의해 지배당하지 않을 때 가능할 것이다. 그 누군가가 교사여서도 아니 될 것이지만 설령 부모라도 아니 되어야 한다.

워거즐튼무아 따이

숙제도 많고
고민도 많아
머리가 아픈 날들

워거즐튼무아 따이 하나면 돼.

단
시원한 풀밭에서
편안한 차림으로
친구들이랑 나눠 먹으랬지.

따이 아니면 어때.
콩 한 알이라도 돼.

이게 약이지.
마음 약국에서 만드는
아무튼즐거워 약

－동시집 『혼자가 아니야』 중에서

Part 3

공부를 위한
진짜 공부법

> 내 아이가 아직도 암기나 주입식 공부에 갇혀 있나요?

공부를 하는 목적이 무엇일까? 성적을 위해서일까? 성장을 위해서일까?

몇 년 전 영재원 소속 아이들과의 수업시간에 이 질문을 던진 적이 있다.

"성적이요."

"왜 그렇지?"

"성적이 안 되면 가고 싶은 대학도 못 가잖아요?"

"대학은 왜 갈까?"

"취직 잘 하려고요."

틀린 말은 아니지만 새로운 답변을 기대한 탓인지 좀 실망스러웠다.

해마다 학교단위 학년 말 학생을 대상으로 설문조사를 하면 가장 큰 고민거리가 '성적'이라는 사실, '앞으로 자신이 어떤 점에 더 노력해야 한다고 생각하는지?'라는 물음에서도 '공부'라는 답변이 제일 높다는 사실, 이러한 사실은 새삼스러운 결과는 아니다. 교사로서 안타까운 마음이 많이 들었지만, 아이들의 삶에 성적이 행복의 잣대가 된다는 우리 현실의 반영이다.

얼마 전 중·고생 '행복의식' 여론조사가 기사화되어 나왔는데, 다행히도 70% 정도가 행복은 성적순이 아니라고 했단다. 하지만 성적 등급별 행복도에서는 성적 등급이 높을수록 행복도가 높고 성적 등급이 낮을수록 행복도가 떨어지는 결과가 나왔다고 했다. 머리로는 아닌데, 가슴으로는 느낀다는 의미로 받아들여져 씁쓸했다.

학교는 2017년 1, 2학년부터 점차 2015개정교육과정을 적용하기 시작했다. 새 교육과정에서는 바른 인성을 갖춘 창의융합형 인재상을 구현하기 위해 어떠한 과제나 문제를 해결할 수 있는 6대 핵심역량을 제시하고 있다. 지금까지 여겨왔던 지식 그 자체를 익히기보다는 지식 활용의 다양한 능력을 키워간다는 취지라고 생각할 수 있다.

아직도 많은 부모가 내 아이가 공부 잘하면 만사형통이라는 식의 '장원급제DNA'에 대한 의식에서 벗어나지 못하고 있다. 입시제도와 맞물리는 성적이 부모나 아이 모두에게 큰 억압이다. 이 억압은 교실에서 발견되는 수많은 아이의 행동장애, 정서장애 문제의 근원이기도 하다.

아이들의 억압을 풀어줄 현명한 부모라면 '성적교육'만 생각할 것이 아니다. 앞으로 진정한 인재상이 무엇인지 냉철한 이성으로 멀리 내다보는 '성장교육'에 열을 올려야 할 시점이다.

영학이는 1학년이었다. 1학년에게는 입학 후 첫 한 달쯤 적응기가 있다. 연필보다는 색연필을, 교과서보다는 오감을 적용한 학교생활 적응 기간인 셈이다. 영학이는 이 적응기에 벌써 다른 아이들과 다른 점이 눈에 띄었다. 모든 걸 선생님에게 의존하려 하고, 말을 할 때도 갓 발음을 익힌 아이처럼 입안에서 웅얼거렸다.

적응기간이 끝난 이후에도 쉬는 시간에 친구보다는 교사 곁에서 맴돌며 관심을 유도했다. 짝 활동이나 기초학습 활동에 관심이 없어 수업시간에 집중하지 않았다. 주변 친구들을 방해하는 행동이 잦아 결국 교사의 관심적 인물이 되었다.

근데 놀라운 건 영학이의 학습수준이 1학년 단계를 훨씬 앞서가고 있었다. 15단 구구셈을 다 외웠고, 중급 영어 학습지를 하고 있다고 했다. 엄마의 채근 때문이었다.

하교 시간 복도에서 영학이를 기다리는 엄마와 마주칠 때 영학이의 학교생활 문제점을 전하면 엄마는 그 문제에 별 신경 쓰이지 않는 것 같았다. 반면에 아이가 머리가 좋고 학습 수준이 달라 학교 공부가 재미없어 보이는 것 같다고 했다.

내가 보기에 영학이의 상태는 개인의 수준을 넘어선 과도한 선행학습, 그 강압에 의한 행동적 퇴행이었다. 다시 말하면 발달단계를 무시한 암기와 주입식 선행학습에 매달리면서 아이가 정서적 손상을 입고 있었다는 점이다.

부모의 잘못된 생각이 한창 깔깔거려야 할 여린 아이의 마음에 무거운 짐을 얹어놓은 격이었다. 영학이의 학습능력에 대한 엄마의 집착은 강했으나 정작 영학이의 학교생활 행복도에 대해서는 무관심한 듯했다.

철민이는 4학년이었다. 이웃 반이었는데 또래 아이들보다 깡마르고 체구가 작아 눈에 잘 띄는 아이였다. 담임 이야기를 들어봐도 철민이의 남다른 특징들이 있었다.

그 시기의 남자아이들이 그렇듯이 공을 차거나 던지며 땀을 뻘뻘 흘리며 노는 친구들과는 달리 혼자 교실에서 문제를 풀고 있을 때가 많다. 정작 공부시간엔 교사와의 상호작용이 어렵고 무언가를 가지고 조물거리며 자기 세계에 빠질 때가 다반사다. 스스로 친구들과 잘 어울리지 못하고 몸이 자주 아파서 조퇴하는 경우도 잦다. 준비물은 잘 빠뜨리고 다녀 엄마가 쉬는 시간 헐레벌떡 물건을 챙겨오는 경우가 많다.

철민이 담임은 철민이의 과도한 1일 학습량에도 놀랐다고 했다. 철민이 엄마의 얘기는 이랬다는 것이다.

"문제풀이와 책읽기는 내가 정해주는 범위를 다했는지 매일 확인해요. 못했을 땐 PT 체조를 수십 번 해서 정신 차리게 해요. 그리고 다할 때까지 잠을 재우지 않아요. 형편이 넉넉한 건 아니지만, 학원도 몇 개를 다니고 있어요. 맏형이라 동생들의 본보기가 되도록 철민이 성적에 관심을 많이 쓰는 편이에요."

나는 문득, 기초학습력이 부족한 아이들을 대상으로 한 방학 보충 학습 프로그램에서 철민이를 만나 가르친 기억이 떠올랐다.

"철민아, 너 문제 잘 푸는구나. 근데 여기 왜 오게 되었지?"

"잘할 때도 있고 못할 때도 있어요. 스트레스를 많이 받아서 많이 틀린 적도 있어요."

"왜 스트레스를 받았지?"

"짜증이 나서요."

스트레스를 받는다고 스스로 말을 내뱉는 그 자체만으로도 정서적 손상을 겪고 있음을 느꼈다. 철민이는 실제로 학습 평가결과의 오르내림이 심하다고 했다. 불안한 심리를 엿볼 수 있는 한 단면이었다.

　이처럼 영학이와 철민이는 성장보다는 성적 올리기에 관심을 쏟는 엄마 때문에 정서적 아픔을 겪는 공통점이 있었다. 이 둘은 특별한 경우가 아니다. 실제로 성적중심의 교육관을 가진 부모로 인한 비슷한 예가 주변에 흔하다. 부모의 성적중심의 교육관 때문에 아이가 선행학습이나 학원 '뺑뺑이'로 고통을 받는 경우가 흔한 편이다.

　선행학습이나 학원 '뺑뺑이'의 공통점은 암기나 주입식 공부라는 점이다. 'thinking'이 없는 공부 말이다.

　이제는 학교 공부가 누군가 요점 정리해준 내용을 밑줄 그으며 암기하던 시대는 지나갔다. 암기하더라도 중요한 것이 무엇인지 내가 찾을 줄 알아야 하고, 찾은 내용을 내가 정리할 줄 아는 능력이 필요하다. 그리고 문제해결의 결론뿐 아니라 과정을 설명할 수 있어야 하고 상호 간의 비교, 분석력이 필요하다.

　그것이 'thinking'이다. 이러한 능력을 키우기 위해 4지선다형, 또는 5지선다형 평가 시스템에서 벗어나는 교육이 필요하다.

　교육기관에서도 교육의 큰 그림을 그리기 위해 평가의 방법을 고민하기 시작했다. 하나의 예로 부산시교육청에서는 초등학생도 2018학년도부터 100% 서술형 평가로 들어선다고 예고했다. 아마도 부산뿐 아니라 전국적으로 평가 방식의 변화를 고민하게 될 것이라고 본다. 암기가 아니라 생각이, 주입식이 아니라 창의적인 문제해결 능력을 갖추기 위해서는 평가방식부터 개선하는 것이 불가피한 현실이기 때문이다.

교육계에서는 창의적이고 탐구적인 인간으로 성장하는 인간육성을 위해 스토리텔링, STEAM, 비주얼 씽킹, 자기설명 학습, 독서 토의·토론, 프로젝트 학습, 주제 탐구 활동, 하브루타 등 'thinking' 중심의 다양한 활동을 권장하고 있다. 그밖에 정책적으로 자유학기제에 이어 학년학기제(갭이어), '학교 밖 활동' 등까지 다양한 방법들이 시도되고 있다.

그리고 일찍부터 교육선진국의 학교에서 교사들이 자주 던진 "What do you think?"라는 발문, 이것이 지금 대한민국의 교실에서 발문의 핵심으로 자리 잡기 시작했다.

이런 환경의 변화를 읽지 못하거나 용기가 없는 부모들은 아직도 아이를 무조건 학원으로만 내모는 것이 아닐까?

나도 한때 불안감에 아이를 수학학원에 보냈다가 실패한 경험이 있다. 당사자인 내 아이에게서 들은 소리는 이랬다.

"엄마 때문에 시간만 다 날렸어요. 성적이 안 올랐다고요!"

'학원 안 갔으면 더 못했을 것'이라며, 그 말을 극구 부인했지만, 학원을 끊고 나니 거짓말처럼 수학성적이 쑥 올랐다. 학원 다닐 땐 선생님이 정해준 많은 분량을 허겁지겁 푸느라 쫓기듯 문제풀이를 했다는 것이다. 시간이 걸리긴 하지만 개념을 생각하고 원리를 찾으며 찬찬히 공부하니 오히려 결과가 달랐다는 것이다.

'이게 바로 생각하는 공부구나.'

그 후 나는 내가 가르치는 아이들에게 생각하는 시간을 더 많이 주려고 애쓴다. 학부모들에게는 아이들의 학원을 줄여 달라, 초등 시절부터 조급해할 필요가 없다, 조금씩 성장하는 모습을 지켜보자, 성적은 현재의 만족이지만 성장은 미래 행복이라는 점을 강조하고 있다.

부모들도 공감하며 긍정적으로 받아들이기는 하나 학원을 끊으면 밥줄이 끊어지는 것만큼이나 두렵다고 말했다. 오래도록 고착화된 '성적교육' 탓이다. 그래도 용기를 가지고 조금씩 벗어날 준비를 하라고 주문했다. 영학이나 철민이처럼 일찍부터 공부골병 든 상처만 남기지 않으려면 말이다.

이제 공부는 일률적으로 구구단 외우기처럼 하는 것이 아니라 다양한 'thinking'이다. 내 아이에게 '뭣이 중헌디'를 생각, 또 생각해 보아야 하지 않을까?

시간까지 재는 자

제일 먼저
집을 나섭니다.

학교입니다.
학교를 나섭니다.

학원입니다.
학원을 나섭니다.

다시 집입니다.

꼭짓점과 꼭짓점을
줄긋기합니다.

나는 자가 되었습니다.
시간까지 재는
똑똑한 자입니다.

－동시집 『혼자가 아니야』 중에서

놀이도 공부다

노는 것을 공부처럼, 공부를 노는 것처럼,
잘 놀도록 멍석을 깔아 주어요

학교에서 아이들이 가장 기다리는 '꿀잼'시간이 언제일까? 바로 쉬는 시간이다. '쉬어가는 시간' 10분이다. 점심시간도 그러하지만, 아이들은 짧은 시간을 더 짜릿하게 즐기는 것 같다.

쉬는 시간은 짧은 시간이지만 노는 방법도 다양하다. 그래도 가만히 앉아 있는 아이보다 온몸으로 노는 아이들이 더 많다.

누군가는 잡으러 가고 누군가는 도망가고 있다. 잡기놀이, 친구 놀리는 놀이, 런닝맨이 인기다. 몇몇은 격렬한 아이돌 가수 춤을 흉내내고 있다.

그렇다고 꼭 그런 아이들만 있는 게 아니다. 노는 친구들을 물끄러미 바라보기만 하는 아이도 있고 교사 주변을 맴돌며 "요기 아파요.", "용진이가 뛰어요."라며 잘 일러주는 아이도 있다. 그냥 어슬렁거리는 아이도 있다.

요즘은 어느 학교에서나 아이들에게 건전한 어울림 놀이를 많이 권장한다. 그래서 보드게임, 할리갈리, 적목쌓기, 윷놀이세트, 공깃돌 등을 갖춰 놓는 편이다.

그런데 아이들은 잠시 관심을 가질 뿐 오래가지는 않는다. 그런 놀이보다는 차라리 자유분방하게 횡으로 종으로 뛰어다니는 놀이를 제일 즐기는 것 같다. 교실, 복도를 오가며 오늘도 내일도 뛰는 일이 식지 않는다. 스트레스가 내재되어 있다는 증거라고 본다. 통제되고 갇혀 지낼수록 방방 뛰어야 에너지를 배출할 수 있을 테니까. 그러나 그러기엔 실내가 좁아 부딪힐 위험도 많다.

"애들아, 제발 좀 뛰지 말자. 응?"

학교를 벗어나면 아이들의 놀이문화는 또 달라진다. 각자 스마트기기를 손안에 쥐고 한 시간이고 두 시간이고 게임, 유튜브 조회, 채팅으로 혼자서 보내는 시간이 많아진다. 디지털 시대는 아이들의 놀이문화를 공동으로 묶기보다는 개별로 떼어 놓는다. 물론 스마트 기기로도 의사소통, 감정표현, 게임 등을 함께 나눌 수 있지만, 정서적 유대감을 느낄 수 있는 진정한 어울림은 아니다. 그리고 놀이 중 인신공격, 거짓정보, 비방, 음란물 등을 제공할 수도 있고, 본인이 제공받을 수도 있어 판단력이 흐린 초등학생에겐 철저한 지도가 우선되어야 하는 점도 있다.

반면에 예전 나의 어린 시절엔 놀이 자체가 거의 어울림 놀이였다. 교실에서나 운동장에서나 끊임없이 떼로 몰려 놀이를 즐겼다. 그리고 마을에서도 마당을 찾아다니며 놀았다. 미디어 매체가 없었고, 거의 모든 전통놀이가 함께 어울려야 가능했기 때문인 것 같다. 공기놀이, 오자미놀이, 세세세놀이, 보리밥쌀밥놀이, 묵지빠놀이, 오목놀이, 윷놀이, 고무줄놀이, 사방치기 등 말이다.

정서적 유대감도 강한 놀이였지만 도덕적 물의를 제공할만한 놀이들이 아니었다. 물론 놀이 중 사소한 다툼이야 있었지만, 사회적으로 우려할 일은 아니었다.

오늘날 아이들의 놀이 에너지를 어떻게 하면 다시 정서적 유대감을 강화하고 생산적으로 끌어낼 것인가? 어떻게 하면 아이에게도 휴식과 여가를 건전하게 제공해줄 것인가? 다시 말해서 '노는 공부'에 대한 기회를 어떻게 교육과 연계해서 잡을 것인가?

이런 고민들의 결과가 교육과정의 패러다임이 바뀌고 있는 부분이라고 생각한다. 학교에서는 학교예술교육 활성화, 전통문화체험, 학교스포츠 활성화, 문화예술체험활동 강화, 핵심역량발굴, 꿈·끼 탐색활동 등 다양한 활동으로 잠재적 능력을 가꾸어가는 기회를 제공하고자 노력하고 있다.

'아동은 휴식과 여가를 즐기고 나아가 놀이와 여가활동, 문화예술활동에 자유롭게 참여할 권리가 있다.'

유엔 아동권리협약 31조에는 아이들의 놀 권리를 이렇게 적시하고 있다. 이제 그걸 되찾아주는 교육을 위해 학교교육과정으로 설계하려는 움직임이 일어나고 있다.

최근 근무했던 우리 학교의 한 가지 사례를 소개하고자 한다. 학생들의 심미적 감성과 공동체 역량 고취를 목적으로 학교에서 학년별, 월별 '문화예술발표회' 계획을 세우고 실천한 사례다.

아이들은 처음엔 어리둥절했으나 중학년 이상은 자신들의 끼를 되돌아보며 자발적으로 공연계획과 종목을 정할 때 모두가 주체적으로 나서는 모습이 인상적이었다. 쉬는 시간이나 점심시간, 학교 시설을 이용해 그룹별로 자체적으로 연습을 반복했다. 거의 한 달 가량을 문화예술발표회를 위한 연습과 의상까지 준비하는 시간을 거쳤다. 어려움이 있을 경우 그룹별 담당교사의 코치를 받기도 했다. 발표회 사흘 전 전체 리허설로 짜임새를 맞추며 발표준비를 완료할 수 있었다.

발표무대가 학교 강당무대였지만 누구나 주인공으로서 한 종목 이상 자신들의 에너지를 유감없이 발휘할 수 있는 무대가 되었다. 관람자들은 공연을 보며 다음 기회 자신들의 차례를 대비하여 새로운 아이디어를 얻고 재창조하는 기회를 가지기도 했다.

교사가 시켜서가 아니라 스스로 즐겁고 재미있게 참여하며 완성도를 높여갈 수 있었던 비결은 스트레스를 줄이고 스스로 즐기는 놀이처럼 참여한 결과였다. '노는 공부'를 열심히 한 결과인 것이다. 학예회 발표회나 운동회를 앞두고 교사의 고난도 종목 선택과 채찍으로 훈련처럼 완성되는 고전적 행사는 교육박물관으로나 보내야 한다는 걸 실감했다.

이런 점을 볼 때 아이들의 '노는 공부'를 위해 어떻게 멍석을 깔아줘야 할지 교사는 물론 가정의 부모들도 끊임없이 고민해야 한다고 생각한다. 게임을 하지 마라, TV 보지 마라, 스마트폰을 꺼라 등 통제만 해서는 요즘의 아이들에겐 먹히지 않는다.

그런 의미에서 다음 두 가지는 부모로서 고려해 볼 점이라고 생각한다.

첫째, 가정에서는 주말을 맞이하여 아이들의 휴식 시간을 건전하게 이끌기 위해 어떤 장소에 어떤 내용을 담을지 고민이 필요하다는 것이다. 많은 부모가 되물을 것 같다.

"먹고살기 바쁜데 언제 그런 고민을 할 여유가 있나요?"

먹고사는 일도 아이들을 위한 것이라면 어렵더라도 관심을 가질 수 있지 않을까? 초등학교 6년이 길어 보이지만 한눈파는 사이 어느새 지나고 아이는 사춘기에 접어든다. 그때는 사는 게 좀 여유가 생겨서 집 밖으로 데리고 나가려 해도 꼼짝달싹하지 않으려고 하는 아이 때문에 속상하다고 한다.

둘째, 아이들이 좋아하는 학교 체험활동 참여에 적극적인 지지가 필요하다. 얼핏 놀러 다니는 것처럼 보일지 모르지만, 사실은 '노는 공부'이기 때문이다. '노는 공부'는 어린이기 때문에 필요한 공부다. 놀면서 깨우치는 공부가 더 몰입된다고 하지 않던가? 체험 내용은 물론이고 안전, 질서, 배려, 존중, 관계, 지리, 교통, 체력 등 많은 요소를 몸으로 경험하고 돌아오는 과정이 있었다고 보아야 한다. 그래서 체험활동을 다녀오면 그런 점들에 대해 아이와 생각을 나누는 기회를 가져보는 것이 필요하다.

개인적으로도 '노는 공부'가 소중하다는 걸 깨달았던 예가 있다. 나에겐 어린 시절 산골에서 자연과 놀았던 다양한 경험들이 교사생활이나 아동문학 작품에 더 없는 소재가 되는 점, 초등시절부터 운동을 너무 좋아하던 큰아이에겐 대학에서 멋진 동호회 활동을 가능하게 한 점, 친구들을 자주 집으로 데려와 보드게임을 즐겼던 둘째 아이에겐 친구 관계가 좋아 문제없이 사춘기를 잘 보낼 수 있었던 점이 그렇다.

얼마 전에는 마이더스의 손을 가진 자수성가 기업가 조시 링크너(Josh Linkner)의 자녀교육 일화를 읽은 적이 있다. 아이의 공부를 놀이처럼 즐기도록 바꾼 일화였다. 하도 게임을 좋아해서 공부를 게임으로 승화시키는 방식으로 늘 즐기는 아이 교육을 시켰다고 했다.

덕분에 아이는 십 대 사춘기를 즐거운 마인드로 지내게 되었다고 했다. 부모는 아이가 어른이 되어서 자신의 일을 놀이로 여기며 행복한 삶을 지낼 것 같다는 희망까지 품고 있었다.

이제부터는 내 아이도 '공부를 노는 것처럼', '노는 것을 공부처럼' 할 수 있도록 학교와 가정이 모두 힘을 모을 때라고 생각한다. 그러려면 아이가 제대로 놀 수 있도록 멍석을 깔아 주어야 한다. 게임 레벨 올리기처럼 경쟁의 놀이가 아니라, 누구를 놀리며 도망 다니는 이상한 놀이가 아니라, 뭔가 생각할 수 있고 성장할 수 있는 놀이이면 되지 않을까? '노는 공부'말이다.

"놀수야, 공부를 노는 것처럼, 노는 것을 공부처럼 해. 잘 놀면 되는 거야."

엉덩이가 날다

"이번 수업 끝!"
선생님 말이 끝나기 무섭게
엉덩이는 날았다.
벌써 맴을 돈다.

할 일 끝난 책이
책상 위에서 어쩔 줄 몰라 해도

주인 잃은 지우개가
심이 부러진 연필이
책상 아래서
엉엉 울고 있어도

나에겐 꿀시간 10분

엉덩이가
젤 신났다.

－동시집 『혼자가 아니야』 중에서

인성도 공부다

여유가 채워진 아이는 인성도 달라요, 공부법도 달라요

5학년인 도빈이는 3일간 학교를 빠졌다. 처음으로 비행기를 타보는 제주도행 가족체험학습을 하게 되었던 것이다. 체험학습 신청서를 1주일 전에 제출한 도빈이는 학교에서 내내 싱글벙글했다.

도빈이의 일기 속에도 제주도에 대한 호기심과 설렘이 잔뜩 묻어나 있었다. 특히 비행기를 타는 기분이 어떠할지 이만저만 궁금해하지 않았다. 수업시간 광고 만들기 활동이 있었는데 비행기를 소재로 구상할 정도였다.

도빈이 엄마는 작은 회사에 일하러 다니는데 늦은 퇴근 시간이 많아 저녁은 아빠가 챙겨주는 편이었다. 도빈이네는 처음으로 가족여행을 계획하여 큰맘 먹고 제주도를 택했다고 했다.

제주도 여행을 마치고 돌아온 도빈이의 손에는 제주도 특산물로 만든 과자봉지가 들려 있었다.

"선생님, 이거 친구들이랑 나누어 먹으려고 사 왔어요."

"그래? 엄마가 사주셨니?"

"아니요. 제 용돈으로 샀어요."

"정말? 도빈이 짱! 정말 대단하구나."

도빈이는 아주 쑥스러워하면서도 한 마디 더 덧붙였다.

"우리 누나에게도 제 용돈으로 사 주었어요."

우리 반에 이런 아이가 있다니, 요즘 세상에도 이런 아이가 있다니 놀라웠다. 뭐 별것 아닐 수 있다고 생각할지 모르겠으나 나에게는 특별하게 와 닿았다. 요즘 아이들은 선물 받기는 좋아하는 편이나 주는 건 인색한 편이다. 아니 받는 것이 더 익숙한 편이다. 부모의 아낌없는 지원을 받기 때문에 자기희생을 할 기회가 잘 없다.

도빈이는 가정 사정으로 볼 때 그리 용돈이 넉넉하지 않을 것이다. 꼬박꼬박 아껴 모아서 남을 위해 돈을 쓸 줄 아는 아이가 어디 흔하겠는가? 어린 것이 벌써부터 나눔의 기쁨을 알고 있다는 증거였다.

도빈이의 행동을 알게 된 친구들은 '도빈이는 달라'라며 엄지를 치켜세워 주었다.

"도빈이 짱!"

그런 일이 있은 후 도빈이 엄마와 전화 상담을 한 일이 있었다. 도빈이 엄마에게 집에서 보는 도빈이의 태도가 어떠한 편인지 먼저 물었다. 자기 할 일 잘하고 효자라고 했다. 제주여행 기념으로 도빈이 용돈으로 사 온 과자를 학교에서 친구들이랑 잘 나눠 먹었다고 했더니 엄마도 유쾌하게 웃었다. 그러면서 도빈이의 다른 사례도 소개해 주었다.

"도빈이는 용돈을 모아 제가 좋아하는 회를 사준 적도 있어요. 가족에게 선물을 잘 하는 편이에요. 이모에게는 티셔츠를 사준 적도 있고요."

"아휴, 어머니는 좋으시겠어요. 좋은 아들을 두셔서."

"학교에서는 어떤지 궁금해요."

"학교에서도 친구들과 싸움 한 번 안 하고 과제도 열심히 하며 아주 성실해요."

"그러면 정말 다행이네요. 여름 방학 지나고 변성기가 와서 사춘기 때문에 걱정이 되거든요."

"사춘기라서 달라진 건 딱 목소리 하나예요. 걱정하지 마세요."

엄마와의 대화를 통해 도빈이에겐 물질적인 사랑보다 부모의 따뜻한 사랑이 어릴 때부터 스며들어 있다는 생각을 하게 되었다. 사랑을 받는 만큼 돌려주는 것이 아닐까?

도빈이에겐 또 한 가지 특별한 점이 있었다. 초등학교 입학 후 5년 동안 한 번도 학원을 가지 않았다는 것이다. 저학년 때는 돌봄교실에서 지냈고, 3학년부터는 학교의 방과 후 예체능 프로그램을 두 개 정도 참여한다고 했다. 필요한 공부는 그때그때 스스로 챙겨서 해나가고 있다는 것이다. 도빈이는 학원을 가는 대신 스스로 이것저것 성실히 참여하는 유형인 것이다.

학원 다니는 시간에 쫓기지 않으니 확실히 다른 아이들보다 여유가 있고 안정되어 있다. 학교 숙제도 불만 없이 늘 꼬박꼬박 잘 해 온다. 수업시간 집중도는 학급에서 제일 높다. 오래도록 흐트러짐 없이 교사의 지도에 몰입한다. 그러다 보니 교사가 지도한 내용은 거의 100% 빨아들이는 편이다. 모둠의 활동에도 태도가 진중해서 모둠원이랑 쓸데없는 트러블을 유발하지 않는다. 친구들도 도빈이가 태도가 바르고 남을 배려하는 모습이 최고라고 인정해 줄 정도다.

도빈이가 자라서 하고 싶은 일은 크리에이터라고 했다. 그 꿈을 이루기 위해 초등학생으로서 열심히 공부하는 것이라고 스스로 말하며 실천하고 있다.

　도빈이는 미래 무슨 일을 할지 모르지만, 자신의 삶을 스스로 만들어가는 것만은 분명하다.

　계층 이동 사다리가 끊겼다느니, 금수저만이 미래가 금빛이라느니, 요즘 사회현상을 바라보는 사람들의 시각이 매우 자조적이다. 하지만 평범한 환경에서 평범하게 자란 사람이 마지막까지 성공하는 확률이 높다는 통계도 있듯이 뚜벅뚜벅 걸어가는 도빈이에게 더 많은 '드림 매트리스'가 기다릴 것이라고 믿는다.

　많은 부모가 이를 보고 '마냥 철들지 않은 내 아이는 어떡하느냐?' 고 한숨을 내쉴지 모르겠다. 하지만 그럴 필요는 없을 것이다. 천천히 성장하는 아이도 많으니까. 시간이 지체되더라도 충분히 탐색하며 시행착오를 겪어보는 것, 그 자체가 성장의 과정이 된다고 생각한다. 그것 또한 돈으로 살 수 없는 중요한 공부가 아니겠는가?

　문제는 부모의 성급함에 아이를 학원으로만 내몰면서부터 아이의 인성이 꼬이기 시작한다는 것이다. 맞벌이 부모 가정에서는 안전 때문에 아이를 집에 둘 수 없다는 생각만으로 학원에 맡긴다면 꼭 고려해볼 일이다. 도빈이 역시 맞벌이 엄마를 두었는데도 제 일을 스스로 하는, 좋은 습관을 익히는 기회가 되지 않았는가?

　요즘은 학교에 맞벌이 자녀를 위한 돌봄교실이 잘 자리 잡고 있기 때문에 이러한 시설을 적절히 이용한다면 아이의 방과 후를 안전하고 알차게 관리할 수 있다. 돌봄교실에 따라 차이가 있지만, 학원보다는 덜 통제된 분위기 속에서 인성, 예체능, 과제해결 등의 다양한 프로그램으로 돌봄과 지도를 동시에 받을 수 있어 적극적으로 권하고 싶다.

지금까지 여러 사례를 보았듯이 부모의 지나친 간여와 통제를 받는 아이는 스트레스라는 독성에 감염되어 있음을 알 수 있다. 그래서 뭔가 바쁘지만, 실상은 꿈이 없고, 꿈을 가꾸어갈 의지도 약하다는 특징이 있다.

부모로서 내 아이에게 도빈이처럼 자기만의 시간을 가지게 해 주는 시도가 정말 필요하다. 동시에 스스로 관리할 수 있는 힘을 키울 수 있도록 늘 관심이 필요하다. 그 관심 목록을 세 가지만 들어보겠다.

첫째, 휴대폰 사용, 인터넷 사용, TV 시청 등은 스스로 절제하는 힘을 키워주어야 한다. 규칙을 만들고 약속을 지키도록 이끌어야 한다.

둘째, 책 읽기를 위한 환경을 만들어 주어야 한다. 학교도서관 프로그램에 참여한다든지, 가정에서도 읽을 수 있는 책들을 준비해 둔다든지, 독서분위기 조성을 위해 적극적으로 도움을 주어야 한다.

셋째, 학교에서 돌아오면 학교과제를 자기주도적으로 해결하는 가정 학습 분위기를 만들어 주어야 한다. 이때 말 한마디라도 성취감을 느낄 수 있도록 배려해 주어야 한다.

아이가 자신만의 시간을 갖고 자신의 할 일을 다 할 수 있도록 부모는 끊임없이 위의 관심 목록을 지원해 주어야 한다. 그래야 정신적으로 단단해지고 여물어가는 모습을 보게 될 것이다. 성과 앞에서는 무엇이든 길고 긴 노력이 필요한 법이다.

내가 그리는 그림

하얀 도화지가 없어도
알록달록 크레파스가 없어도

어제는 축구 하는 그림
오늘은 야구 하는 그림
내일은 아마도
자전거 타는 그림이겠지

나는 조그만 도화지보다
넓은 운동장이 좋아
나는 예쁜 크레파스보다
튼튼한 두 팔다리가 좋아

날마다 하나씩
내 작은 가슴에
커다란 추억으로 걸어두는 그림

엄마는 모르실 거야
오늘도 내가 얼마나
신나는 그림을 그리고 있는지

-동시집『개미의 소풍』중에서

학습지보다는 백지다

아이의 창의성 씨앗은
거실에 놓인 백지에서부터 싹틀 수 있어요

바스 카스트(Bas Kast)는 저서 『지금 그 느낌이 답이다』에서 '정말로 중요한 것은 말로 표현할 수 없을 때가 많다.'고 했다. 말로 표현할 수 없을 때는 어떻게 하는 것이 좋을까? 그림? 음악? 춤? 침묵?

아이들의 표현활동을 말해보자면, 말로 잘 표현하는 아이도 있고, 그림으로 잘 표현하는 아이도 있고, 몸짓으로 잘 표현하는 아이도 있다. 연령이 더 어릴수록 말보다는 그림이나 몸짓을 더 쉬워하는 건 당연하다.

초등학교 1학년의 공책은 1학기 8칸짜리 공책에서 2학기쯤 10칸짜리 공책으로 이동하게 된다. 우리 글자를 바르게 쓰기 위한 도구로 가로세로 일정한 크기의 칸으로 채워져 있다. 아이들은 그 칸 속에 글자를 반듯하게 채우기 위해 작은 손가락 힘으로 꾹꾹 눌러 쓴다.

기초를 다지는 1학년으로서 글씨를 자형에 맞게 쓰는 연습도 중요하다. 다만 그 자체를 너무 중요시하다 보면 학습흥미도가 떨어지고 창의적인 생각을 공책 칸에 가두어버리는 결과를 초래한다.

때론 공책 대신 '창의학습장'으로 이름 붙인 16절 스케치북을 이용하는 기회를 줄 때가 있다. 그때 글을 쓰고 싶은 대로 써보라고 하면 두 부류의 아이들을 발견하게 된다.

한 부류는 '와!'하며 매우 좋아하는 아이들이다. 비뚤비뚤 글을 쓰는 재미를 느끼며 크게도 써 보았다가 작게도 써 보았다가 소위 말하는 자유로운 영혼으로 돌아간다. 대부분의 아이가 그런 편이다.

한 부류는 소수이긴 하지만 줄 하나 그어져 있지 않은 비어있는 종이를 난감해하는 아이들이다. 빈 종이에 일부러 줄을 긋고 싶어한다. 줄이 없으니 불편하다는 아이, 비뚤어질까 봐 걱정인 아이가 있는 것이다. 그림 그리는 활동에서도 마찬가지다. 주어진 백지에 무엇을 채워야 할지 막막해한다. 그림을 못 그려서가 아니다. 잘 그려야 한다는 강박증이 있는 편이다. 그러다 보니 끝맺음 시간도 오래 걸리는 편이다.

이런 아이들은 타고난 성격인 경우가 있지만, 환경적인 영향을 받은 경우도 발견할 수 있다. 부모의 욕구가 아이에게 투사된 경우, 완벽해지기를 바라는 심리적 압박감을 느끼는 경우 등 말이다.

한 예로 평소 학습지 평가를 할 때면 늘 만점을 받는 필수가 있었다. 필수는 부모의 깍듯한 교육으로 예습 복습을 잘하고 학교 밖 공부방에도 착실히 다니는 아이였다.

그런데 필수는 시, 그림, 음악 등 자유로운 표현활동을 하는 시간엔 늘 백지상태에서 시간을 끈다. 마무리 시간이 가까워서야 완성된 내용을 보면 빈약하다. 그렇게 시간을 끌더니 소심하게 모퉁이에 조그마한 흔적을 남긴 채 끝내는 것이다. 물론 발표하는 활동에도 스스로 잘 나서지 않는다.

말하자면, 필수는 누군가 제공해준 영역 안에서 문제해결력은 높지만, 자신이 조직하고 구성하는 영역을 채우는 활동은 보통 아이들보다 자신감을 가지지 못하는 것이다. 나중에 알게 되었지만, 필수는 위에서 말한 환경적인 영향으로 부모의 욕구가 많이 투사된 예에 속한 경우였다.

나는 이런 아이일수록 여백에 대한 적응도를 높일 기회를 많이 줄 필요가 있다고 생각한다. 그래서 수업시간에 아이들의 학습장으로 공책보다 일명 '창의학습장'(16절 스케치북)을 활용할 기회를 많이 제공하는 편이다. 틀에 박히지 않은 형태, 구성, 내용을 자신의 힘으로 채워가는 능력을 중요하게 생각하기 때문이다. 그리고 누군가 만든 틀에 꽉 채우는 것보다 덜 채우더라도 자유로운 사고로 만들어 가는 것이 훨씬 의미 있는 배움이라고 보기 때문이다.

요즘은 서술형 평가가 트렌드라고 할 수 있는데 부산에서는 2018년도부터 모든 초등학교에서 4지선다형 지필 평가를 폐지하고 100% 서술형 평가로 전환한다고 예고했다. 미래핵심 역량을 갖춘 인재를 양성하기 위해 평가방식을 개선하고자 하는 의지가 담긴 것이다. 아이들이 이러한 평가 방식에 잘 적응하려면 암기보다 생각하는 능력이 먼저 있어야 가능해진다.

생각하는 능력은 정답을 잘 찾는 능력이 아니다. 정답에 이르게 하는 과정을 논리적으로 설명하는 능력, 창의적으로 문제를 해결하는 능력을 포함한다.

누군가에게 정답을 말해야 하는 구조에서는 미래에 대응할 수 있는 창의적 능력을 키울 수 없기 때문에 생각하는 능력은 시대적 요구로 보인다. 요즘 창의적 사고를 신장하는 목적으로 주목받고 있는 '비주얼 씽킹(Visual Thinking)'활동이 인기를 끌고 있는 것도 이러한 흐름이다.

'비주얼 씽킹(Visual Thinking)'은 고학년은 물론 저학년에서도 나름의 수준으로 응용 가능한 사고활동이다. 언어 대신 그림이나 선으로 재창조하는 시각적 사고화 과정에서 생각하는 능력이 길러진다. 만들어진 학습지보다는 비어 있는 백지 위에 그림이나 글을 쏟아낼 때 생각의 힘은 몇 배로 더 필요하기 때문이다.

그래서 어릴 적부터 여기저기 그림 표현을 많이 하는 아이들은 그렇지 않은 아이들보다 칸딘스키(Wassily Kandinsky)나 피카소(Pablo Picasso) 같은 독창적인 화가가 될 가능성이 더 높을 것이다. 그리고 비어 있는 백지에 나의 생각을 글로 많이 나타내면 안데르센(Hans Christian Andersen)이나 조앤 k. 롤링(Joan K. Rowling) 같은 작가가 될 가능성이 더 높을 것이다. 문화예술만이 아니라 수학, 과학, 사회, 어느 분야에서나 자유로운 사고활동이야말로 새로운 세계를 열어갈 창의적인 인물이 될 가능성이 높다.

그 증거로 하나의 예를 들자면, 피카소는 어린 시절 저능아였음에도 위대한 화가가 된 이유가 유대인 특유의 창의적인 문화와 습관에서 나온 결과라고 하지 않는가. 유대인들에게 노벨상이 많은 이유도 창의적 교육환경에서 비롯되었다는 분석이 많다. 오후 4시면 부모는 직장 일을 마치고 자녀와 자유롭게 대화를 주고받는다고 한다. 그들의 삶 자체가 여백의 삶이라는 것이다. 창의성으로 발전하는 것은 여백을 채워가는 사고의 힘이란 걸 말해 주는 게 아닐까?

그래서 나는 우리 부모들도 어린아이들에게 문제풀이 학습지보다 A4 같은 백지를 마구마구 던져주면 어떨까 싶다. 바빠서 자녀와의 시간을 보낼 수 없다면 더더욱 비어 있는 백지를 던져주는 선택이 필요하다고 생각한다. 비어있는 백지 위에 하고 싶은 말, 표현하고 싶은 세상을 마음껏 쓰고 그리며 창의성을 발휘해 보도록 하는 것이다.

그래서 이제부터라도 아이들을 위해 우리의 거실문화를 바꾸어야 한다. 거실 한 모퉁이에 A4 한 상자뿐 아니라 색연필, 크레파스, 유성펜, 사인펜, 매직펜, 풀, 색종이 등 도구들을 가득 채워두고 TV를 보다가도, 책을 읽다가도 언제든지 쓰고 그리는 창조의 거실로 말이다. 이것이 소위 가정 속 복합문화공간이 아니겠는가?

솔직히 나도 아이 둘을 키우면서 첫째 아이를 키울 때는 이런 생각을 꿈도 꾸지 않았다. 오히려 벽에 낙서할까 봐, 어딘가를 해칠까 봐 예리한 눈초리로 살피고 지냈다. 틀 속에 가둔 통제 위주였다. 그런 면에서 부끄러운 부모였음을 고백하지 않을 수 없다. 다행히 늦둥이로 태어난 둘째는 다소 자유로운 분위기로 양육했다. 그래서 그런지 자라서도 창의적인 생각이 훨씬 낫다. 학교 성적은 첫째가 우수했으나 창의적인 문제해결 능력과 대처능력을 보면 둘째가 우수한 편이다. 인간관계에서도 다양하고 폭이 넓다. 4차 산업혁명 시대를 잘 살게 하려면 다양하고 자유로운 사고를 끌어낼 줄 아는 아이로 키워야 할 것임을 뒤늦게 깨닫는다.

한동안 내가 교실환경을 구성할 때 교실 한 쪽 벽면을 비어있는 큰 종이를 붙여두곤 했다. 아이들이 쉬는 시간 친구들과 함께하는 낙서의 재미에 빠지도록 말이다. 일주일마다 새로 교체해주어 허락된 장소에 낙서문화를 권장했다. 그런데 교장 선생님에 따라서는 교실환경을 순시하며 '정신 사납다', '교실 벽면은 깨끗해야 한다' 등 부정적으로 간섭하기도 했다. 깨끗하고 반듯해야 좋은 교육환경이라는 전통적인 관점에서 못 벗어나고 있는 것이다.

정재승 과학자는 창의성이란 '없던 것을 새로 만드는 생각'이라고 했듯이 초등학생에게 백지는 창의성의 싹을 키워줄 작은 공간이 될 수 있다고 믿는다.

창의성을 더 확산시키려면 백지에 무엇인가를 그리고 쓸 동기부여를 해 주어야 한다. TV 시청, 독서, 부모와의 대화는 더 좋은 동기부여가 될 수 있다. 여건이 허락한다면 여행이나 문화체험만큼 좋은 동기부여도 없을 것이다. 책상 위에서 머리를 싸매고 고민만 해서는 새로운 아이디어, 새로운 생각이 잘 일어나지 않는다. 다양한 경험 속에서 확산적 사고가 일어나기 마련이다. 머리와 생각이 통通, 통通할 때 말이다.

1학년 입학하기 전부터 연필을 잡고 칸 공책에 받아쓰기를 열심히 해온 아이보다, 공부방이나 학원에서 그 많은 학습지를 다 풀어본 아이보다, 다양한 경험으로 동기부여를 많이 한 아이들에게서 새로운 생각이 잘 나온다.

요즘은 창의성이 있는 아이들이 성적만 좋은 아이들보다 인기가 많다. 학교 교육활동이 다양해짐에 따라 창의성이 요구되는 활동이 많아졌기 때문이다. 예를 들어, 브레인스토밍이나 전략회의 모둠활동에서 톡톡 튀는 아이디어를 가진 아이가 있으면 그 모둠은 스포트라이트를 받기 마련이다. 자리 바꿀 때가 되면 그런 친구를 서로 자기 모둠원으로 삼고 싶어 하는 것이다.

창의적인 아이는 노는 시간에도 인기가 많다. 노는 것도 방법이나 구성 면에서 창의적으로 계속 업그레이드가 되어야 재미있다. 그러니까 놀이의 다양성과 새로움을 리드하는 아이가 필요한 것이다. 그래서 창의적인 아이에겐 친구가 몰려들기 마련이다.

부모들은 또 한숨을 내쉴지 모르겠다. 창의성이 좋은 것 누가 모르느냐고, 아이들이 스마트폰을 쥐고 놓지를 않는데 백지를 어떻게 좋아하겠냐고. 해야 할 공부가 많은데 어찌 백지를 줄 수 있느냐고.

그래도 부모는 통할 수 있는 방법을 선택해야 한다. 좋은 걸 알면서도 피해간다면 나중에 분명히 후회하고 마니까. 그러려면 끊임없는 고민과 대안으로 아이와 통通해야 한다. 그 대안 중의 하나가 앞서 말한 거실의 가정 속 복합문화공간이 될 수 있다. 어떤 방법을 적용하든 내 아이가 조금 더 열린 환경 속에서 다양한 생각들을 꽃 피워갈 수 있으면 될 것이다. 그래서 내 아이가 가진 창의성의 작은 씨앗이 우리 집 거실에서부터 조금씩 자라날 수 있으면 얼마나 좋을까?

"통통아, 여기다 마음껏 그려봐. 네 세상이야."

주전자

오늘도 가슴 가득

사랑의 물 채우고

데워지면 식히고

식고 나면 또 데우며

목마른 나를 기다려

컵 가득 부어주는 울 엄마

—동시집 『숲 속 마법의 나라』 중에서

성공보다는 성취감이다

> 스티커 한 장이라도, 과자 한 조각이라도
> 아이에겐 도전하는 힘을 줄 수 있어요

"야호! 스티커다."

아이들은 스티커를 엄청 좋아한다. 어른인 내가 생각해 보면 참 신통한 느낌이 든다. 왜 그렇게 스티커를 좋아하는지. 스티커 모양이 특별히 깜찍해서도 아닌데도.

관찰해 보았더니 아이들의 심리에 있었다. 아이들도 자신의 노력에 대해 보상받는 것을 좋아하는 것이다. 여기서는 그걸 성취감이라고 표현하고 싶다.

성공과 성취의 차이점에 대해 어느 시인이 웹 문서에 올린 글이 있었는데, 나도 딱 공감하는 점이라 소개해 본다.

"성공은 누군가의 경쟁에서 이기는 외형적인 면에 초점을 맞추고 한 줄의 맨 앞자리를 일컫는 말일 것이며, 성취는 여러 줄 속에서 나도 좋아하는 그 한 줄을 선택해서 느끼는 내적 충만이 아니겠어?"

요즘 아이들의 경쟁의식은 어릴 때부터 꿈틀거릴 수밖에 없는 것 같다. 일찍부터 부모를 떠나 사회기관에 맡겨지면서 경쟁의식이 더 빨리 자라지 않았을까 짐작한다.

단순한 줄서기에서도 꼭 먼저 서려고 자리다툼을 곧잘 한다. 무엇이든 빨리, 먼저 하고 싶어 안달이다. 별로 중요한 일도 아닌데 꼭 1 등이고 싶은 경쟁의식은 1학년이나 6학년이나 크게 다를 바 없다. 이런 의식은 아이들이 스스로 가졌다기보다는 어른들이 키워낸 문화에서 연유한 것이 아니겠는가?

부모들은 무엇보다 아이들이 성공하기를 간절히 바란다. 그러다 보니 대한민국 엄마들의 높은 교육열은 전 세계에 알려질 정도다. 이 교육열은 행복보다 성공하기를 바라는 마음, 아이들을 무한 경쟁으로 내몰게 하는 열망이기도 한 셈이다. 누군가는 말할 것이다. 성공하면 행복은 저절로 따라오는 거라고. 과연 그럴까?

사회적으로 말하는 성공을 이룬 사람들이 하루아침에 불행의 늪으로 떨어지는 경우가 얼마나 많은가? 한때 성공했던 사람들의 자살 소식은 얼마나 자주 들려오던가? 그런 사실 자체가 성공과 행복이 서로 다른 개념이라는 증거가 되지 않을까?

그럼에도 불구하고 부모의 욕심은 경쟁에서 이기는 성공을 더 강조하는 것이 우리의 현실이다. 사실 초등학생들에게 성공을 이야기하는 건 잔소리요 협박일 뿐이다. 성공보다는 성취기준을 안내해 주는 것이 진짜 교육이다. 그래서 학습결과도 '성취기준'을 정해놓고 도달 여부를 확인하지 않는가? 50점도, 60점도 성취기준 '도달'이 될 수 있고, 너도나도 함께 '도달'이 가능하다는 이야기다.

점수 성취기준만 그럴 것이 아니다. 생활 성취기준도 필요하다. 아이의 행동변화를 바꾸려면 역시 성취기준을 먼저 정해야 한다. 아이와 충분히 협의하여 부모도 아이도 원-윈 하는 전략으로 작은 성취기준부터 정하라고 조언하고 싶다. 쉽게 성취감을 느낄 수 있어야 하고, 그 성취감이 또 다른 행동의 변화를 이끌 수 있기 때문이다. 그리고 내면의 기쁨을 맛보게 하는 기회를 자주 경험하게 해주어야 '지속가능'한 성취가 따른다.

나는 줄곧 아이들이 성취감을 느끼게 하는 방법의 하나로 칭찬스티커 전략을 적용하고 있다. 칭찬스티커 5개를 모을 때마다 초콜릿을 먹을 수 있고, 한 학기가 끝날 때 칭찬스티커를 받은 만큼 교사의 선물을 받을 수 있는 전략이다. 매일 매일 칭찬스티커를 목표로 달리는 아이들에게 스티커를 좀 더 후하게 주고 싶지만 남발하면 효과가 없다. 통제와 조건이 필요하다. 그래야 아이들이 나름대로 도전정신을 가질 수 있기 때문이다.

도전정신을 기르기 위한 가장 중요한 조건은 노력의 과정에 따라 칭찬의 정도가 달라져야 한다는 것이다. 현재 뒤처져 있는 아이도 노력하는 만큼 칭찬스티커를 확보할 수 있다. 그래서 칭찬스티커는 우리 반 누구나 공평하게 가질 수 있는 도전의 기회이지 경쟁의 기회가 아니다.

누군가는 내적인 성취를 눈에 보이는 물질로 대체하는 게 교육적으로 과연 옳은 일인지 의문을 품을 수 있지만, 아이들이 좋아하는 당근책으로 교육의 효과를 높일 수 있는 것만은 분명하다. 즉, 때에 따라서는 물질 제공도 필요하다는 것이다.

헬렌 켈러(Helen Keller)가 말했던 것처럼 우리가 할 수 있는 일에 최선을 다할 때, 나 혹은 타인의 삶에 어떤 기적이 나타나는지 아무도 모르는 일이다. 아이들에게도 나름의 기적은 일어나는 법이다.

우리 반 '스티커왕' 가언이는 실제로 기적 비슷한 일을 이루어 가고 있다.

가언이는 수학을 유난히 어려워한다. 성취기준 미도달로 보충학습을 따로 받는 일이 많았다. 의욕에 비해 이해력이 달려 자신감이 부족해진 가언이는 눈물도 잘 흘렸다. 1학기를 의욕 없이 힘들게 보냈던 가언이가 2학기가 시작되면서부터 달라지기 시작했다. 1학기에 진행되었던 '칭찬스티커'에 도전해보고 싶은 의욕이 살아났던 것이다.

잘 이해하지 못했던 수학문제를 풀어냈을 때 칭찬스티커를 받게 되었고, 다른 문제까지도 잘 풀기 위해 친구의 도움을 적극적으로 요청했다. 교사와 약속된 과제해결을 위해 쉬는 시간에도 씨름하는 모습이 보였다. 교사는 그 도전정신을 칭찬하며 또 스티커를 주곤 했다. 어느새 가언이는 일기도 빠뜨리지 않고 쓰고, 다른 아이들이 주 1회 쓰는 독서록을 주 2회까지 써 왔다.

가언이의 도전은 여러 분야에 문어발식으로 이어졌다. '나비효과'가 한 아이의 내면에서도 일어나고 있는 것이다.

남이 하지 않는 발표에도 손이 쑥쑥 올라간다. 그 용기를 인정받으며 또 스티커를 받을 수 있기 때문이다. 모둠활동에서도 다툼 없이 열심히 참여하면 모둠 전체가 칭찬을 받기 때문에 가언이는 모둠활동에서도 친구들의 협조를 유도해 낸다. '칭찬 받았어요' 교실 스티커판을 보고 아이들은 농담을 던진다.

"야, 가언이 쟤 뭐여? 너무 달리면 자빠져."

가언이는 스티커를 열심히 모았을 때의 기쁨 더하기 선생님에게 받을 선물까지 받게 될 날을 기대하는 것이다. 그래서 교사 입장에서도 즐거운 분위기로 교육이 가능하다.

나는 부모 상담을 할 때, 행동의 변화를 위해 가정에서도 학교처럼 '스티커효과'를 노리라고 권한다. 일정한 칭찬스티커가 모이면 부모님의 사랑을 담은 선물로 더 큰 성취감을 느끼게 만들어 주라는 것이다. 실제로 그렇게 하니 잔소리보다 더 효과가 있었다는 후일담을 학부모로부터 많이 듣는다.

　4학년인 진우라는 아이가 있었다. 진우는 성취욕구가 강한 면이 있었는데도 수업시간에 산만하고 친구들을 잘 괴롭히는 편이라 엄마가 많이 속상해했다. 엄마로서는 학교에서 바르게 생활하라고 늘 일러주지만, 진우는 학교에서는 엄마의 잔소리를 까마득히 잊고 지낼 뿐이다.

　진우 어머니와의 상담으로 진우의 행동변화를 위해 학교와 가정 공동작전을 세웠다. 거창한 작전이 아니라 '스티커효과' 작전이었다. 학교의 행동을 관찰하고 우수, 보통, 노력의 3단계를 알림장에 표시해 주면 엄마는 그걸 보고 칭찬스티커를 주는데, 우수는 2개, 보통은 1개를 알림장에 붙여 주었다. 일주일마다 스티커를 세어서 6개 넘으면 주말에 진우가 좋아하는 소원을 한 가지씩 들어주기로 했다.

　진우의 노력이 엿보였고, 학교에서도 친구들 앞에서 칭찬받는 성취감을 맛보기 시작했다. 몇 달간 지속하다 보니 진우는 자연스레 친구 관계가 좋아졌다. 친구를 괴롭히는 일도 사라지기 시작했다. 아이가 친구를 잘 괴롭히는 경우는 '관심 가져달라'는 신호를 보내는 것임을 되새기게 해 주었다. 이상은 진우의 행동 변화를 위해 학교와 가정이 협력한 좋은 사례가 되었다. 바로 성취감을 느끼게 한 '스티커효과'말이다.

위대한 연극배우였던 헬렌 헤이즈(Helen Hayes)는 자신의 어머니 이야기를 꺼내며 성공과 성취를 다음과 같이 말했다고 한다.

나의 어머니는 성취와 성공을 구별했다. 어머니는 성취란 자신이 열심히 공부하거나 일하고 최선을 다한 네 안의 인식이라고 말했다.

"성공하면 다른 사람으로부터 찬사를 받는다. 성공은 타인의 인식이고 그 역시 좋은 것이지만 성취만큼 중요하거나 좋은 것은 아니다.

항상 성취를 목적으로 하고 성공은 잊어라."

강조하자면, 최선을 다하게 만드는 것, 그것이 아이들에겐 도전이다. 그 도전정신은 성공을 말하기 전 작은 성취감에서 가능하다. 어려웠던 수학 문제 하나를 해결해 냈을 때도 아이들에겐 성취감을 가질 수 있도록 눈에 보이는 작은 자극이 필요하다. 그 유명한 마시멜로 실험도 있지 않은가? 어린아이였지만 참고 견디게 한 힘, 그것이 마시멜로 과자였다는 것을 말이다.

막대사탕에 핀 별꽃

선생님께서 막대사탕을 꺼냈다.
발표한 사람에게 줄 사탕이란다.

손 한 번 안 들던 승은이가
낙서에 빠져있던 진형이가
자신감 없어 고개 숙이던 민주가

갑자기 자세를 고쳐 앉는다.

순간 내가 긴장한다.

겨드랑이 찢어지게 팔 뻗어서
손을 반짝반짝
반짝반짝

막대사탕 하나에
온통 별꽃이 피었다.

－동시집 『혼자가 아니야』 중에서

Part 4

D.Y.D를 위한
내 아이
바로 보기

D·Y·D를 하는 아이, 못하는 아이

"Drive Your Dream."
내 아이를 행복하게 하려면 '꿈운전사'로 만들어 주세요!

이웃 학교에 출장을 간 일이 있었다. 운동장 옆 보도를 따라 열심히 걸어가고 있는데 누군가 앞으로 달려와 인사를 했다. 2년 전에 육상 선수를 하겠다고 그곳 학교로 전학을 간 영환이었다. 영환이의 얼굴은 땀으로 범벅되어 있었지만, 행복한 표정을 짓고 있었다.

"영환아. 할 만해? 힘들지 않아?"

"재미있어요. 달리기 초 시간이 많이 줄었어요."

유난히 달리기를 좋아하던 영환이는 육상부 꿈나무를 키우는 그곳 학교로 2년 전에 전학을 갔다. 많이 힘들 텐데 밝은 모습으로 열심히 노력하고 있는 모습이 기특했다. 4학년으로서 부모에게 그 힘들다는 육상을 시켜달라고 졸랐던 영환이도 대단했지만 그걸 허락한 부모도 대단하다는 생각을 했던 2년 전 기억이 떠올랐다.

2학기 개학 날, 영환이 어머니가 면담을 요청했다. 일주일 후에 아이가 하고 싶어 하는 육상선수 꿈나무학교에 전학하기로 마음먹었다고 했다. 영환이가 평소 달리기를 잘하고 자신의 꿈이 육상 선수라고 말한 적은 있었지만 그렇게 빨리 실행에 옮길지는 몰랐다. 너무 성급한가 싶어 어머니에게 신중히 생각해 보고 결정하는 게 좋겠다고 얘기했다. 어머니는 영환이의 진심을 파악하려고 영환이와 여러 차례 이야기를 나누어보니 정말 하고 싶은 일이 달리기라는 걸 알았다고 했다. 그래서 여름방학 동안 이미 육상 코치님과 면담을 끝냈다고 했다. 영환이는 비록 꿈이 달리기 선수였지만 평소 공부를 성실히 한 아이였다. 부모도 영환이의 바른 수업태도나 독서 등에 관심이 많았다. 그래서 영환이네의 결정이 나에겐 뜻밖이었다. '힘들어서 금방 포기해버릴지 몰라'라는 생각까지 들었다. 그러나 그건 기우였다. 2년이 지난 그때까지도 변함없는 모습이었던 것이다. '즐기는 자를 이길 수 없다'고 하지 않는가? 영환이는 그 고된 달리기 훈련을 즐기는 아이로 시간 단축이라는 목표에 자신의 행복을 스스로 만들어가고 있었던 것이다.

영환이처럼 하고 싶은 일을 바로 실천에 옮기기는 정말 쉽지 않다. 내가 무엇을 좋아하는지 진지하게 생각도 못 해보고 지내는 아이들이 많다. 삶의 주인이 자신이 아니라 부모인 경우가 그렇다. 선택을 부모에게 의지하는 경우 말이다. 우선, 어릴 때부터 엄마가 골라주는 옷을 입고 엄마가 정해준 학원을 쫓아가야 하는 아이들이 있다. 안 간다고 하면 휴대폰도 뺏기고 용돈도 사라질 위협을 느낀다. 그래서 시간에 맞게 학교 앞 봉고차 앞에 나타나야 한다. 봉고차는 이미 문을 열어놓고 교문을 지키고 있다. 마치 물고기 잡는 그물처럼 아이들이 나타나면 바로 잡아 들일 태세다.

자녀 교육열이 높은 부모일수록 학원 정보를 최고의 정보로 여기게 된다는 말이 있다. 강사가 잘 가르치는지, 교육비가 싼지, 우수한 아이가 몇 명이나 있는지, 반 친구들은 몇 명이나 있는지 등을 알아내는 엄마는 학원 감독이고, 감독이 시키는 대로 해야 하는 아이는 학원 선수라는 말도 생겨난 모양이다.

1학년 입학 전부터 학원 정보에 대한 탐색이 치열하다. 그러다 아이의 초등학교 입학과 동시에 학원 등록도 시작된다. 아무래도 1학년 때는 예체능 쪽 학원행이 많은 것 같다. 저학년 아이들에겐 다양한 분야에 호기심이 많기 때문에 예체능을 즐길 수 있는 여지는 많을 것이다. 그런데 예체능도 한 아이당 2~3개 이상이면 아이는 지옥행이라고 여긴다. 엄마의 욕심에 아이를 지옥행으로 보내는 것이나 다름없다.

학교 밖 현장학습을 마치고 학교에 돌아올 때 아이들이 늘 하는 말이 있다.

"선생님, 천천히 도착하면 안 돼요? 제발요. 일찍 도착하면 학원 가야 해요."

예체능 학원이라고 다르지 않다. 우리나라 대부분의 부모는 언젠가부터 아이들이 예체능 중 한 종목 이상은 능력자가 되어야 한다고 믿고 있는 것 같다. 마치 국민 교양과목처럼 말이다. 이런 강제적인 분위기에서 아이의 삶을 행복하게 해 주는 재능 가꾸기가 가능할까?

음식을 폭식하는 2학년 남학생 준호가 있었다. 준호는 검도체육관, 피아노학원, 수영센터, 그리고 영어 학원, 집에서는 한자학습지를 하면서 요일별로 용케 잘 짰는지 그 스케줄을 다 소화하고 있는 아이였다.

그런 준호의 행동 특징 중 하나가 공격성과 불안감이었다. 자신의 능력을 과시하고 친구들을 무시하면서 잘 놀렸다. 그러면서 자신을 무시하는 친구에게는 가차 없는 한 방으로 해결하려고 했다. 급식시간 음식을 먹을 때는 꼭꼭 씹기보다는 급한 듯이 흡입하는 편이고 양도 또래의 2배나 되었다. 그리고 공부시간에 유난히 다리를 많이 떨었다.

준호의 이런 생활태도가 걱정이 되어 엄마와 상담을 했지만, 어머니는 오히려 교사에게 적대감을 가졌다. '뭐든지 잘하는 똑똑한 우리 아이가 뭐가 문제냐'는 식이었다. 당연히 아이 스스로도 자신이 학급에서 제일 똑똑하다는 자만감에 차 있었던 것이다.

그런데 막상 준호의 꿈은 무채색이라고 해야 옳았다. 어른이 되었을 때 하고 싶은 걸 그려 보라고 하니 알 수 없는 형태의 모양에 검정과 회색으로 가득 메워 놓았다. 준호는 엄마 말처럼 또래에 비해 언어능력과 인지능력이 우수한 편이다. 그런데도 정작 자신이 그린 꿈 이야기엔 할 말이 없는 듯 벙어리처럼 끙끙거리는 것이었다.

준호가 3학년이 되었을 때 새 담임이 전 담임인 나를 찾아왔던 적이 있다. 아이가 너무 친구들을 잘 괴롭힌다는 것이다. 급식시간엔 여전히 무서울 정도로 음식을 폭식한다는 것이다.

사자가 위장에 탈이 나면 풀을 마구 먹는다고 했는데, 준호는 내면에 탈이 나서 밥을 과부하로 먹는 게 아닐까 생각이 들었다. 여러 가지 상황을 종합해보면 준호 내면에 탈이 난 원인은 스트레스성인 듯했다.

내가 담임을 맡았을 때 준호의 과잉행동들 때문에 준호 엄마와의 깊이 있는 상담을 원했지만, 준호 엄마는 준호의 문제로 바라보기보다는 교사 탓으로 돌리는 경향이 있었다. 교사가 아이를 삐딱하게 보고 있다는 것이었다. 이렇게 엄마의 관점이 달라지지 않으니 아이의 문제 행동이 지속될 수밖에 없었다.

준호가 제일 좋아하는 게 검도였다. 검도 흉내를 낸다고 친구들에게 책이나 공책을 말아서 어깨나 등을 내리칠 때도 많았다. 아마도 검도 하나만이라도 격려해주고 지지해 주었더라면 준호의 자존감이 더 높아져 미래의 꿈 그리기에 검도사부님을 그리지 않았을까 싶다. 많은 것을 배우기보다는 자신이 좋아하는 한 가지라도 제대로 배워 간다면 어린 마음에도 안정과 행복감이 채워질 텐데, 그런 행복감이 있다면 친구들에 대한 공격성도 자연스레 줄어들 텐데, 이런저런 아쉬운 마음이 들었다.

왜 가야 하는지 모르고 날마다 학원으로 달려가는 아이를 보면 마치 어디로 왜 뛰는지도 모르고 무조건 뛰는 남아프리카 산양 스프링복을 연상하게 한다. 그러다가 스프링복은 벼랑을 만나지 않았던가?

며칠 전에 기사로 나온 '사교육으로 인한 이상증세' 분석 결과도 그 연장선으로 보인다. 그 기사에 의하면 이상증세가 우울-반항-불안 순으로 많았다고 한다. 세브란스 병원 한 정신건강의학 교수는 학습을 독려하는 과정에서 정서적·언어적 학대가 일어남으로 인해 생기는 심리적 취약성이라고 했다. '사교육도 학대다.'라는 말이 틀린 말이 아니라는 증거다.

그리고 육아정책연구소의 발표에 따르면 아이가 아빠와 노는 시간은 주당 평균 5.3시간인 반면에 사교육 시간은 주당 평균 5.77시간으로 나타났다고 한다. 놀 시간이 부족한 아이들, 놀아도 TV 보기, 게임, 휴대폰과의 시간으로 거의 채운다고 하니 심리적 취약성이 일어날 수밖에 없을 것이다. 준호도 부모의 과도한 욕구에 떠밀린 아이로서 내면의 아픔을 문제 행동으로 표현하는 것이라고 여겨진다.

Drive Your Dream.

준호가 자신의 꿈을 운전해 가는 '꿈운전사'라면 학교생활도 멋지게 할 수 있지 않을까? 다른 아이에 비해 이해력도 좋고 아는 것도 많고 체력도 좋은 아이이니까. 자신의 잠재력을 제대로 살릴 수 있는 환경만 조성해 준다면 말이다.

엄마가 입혀준 사교육과 그 기대치의 무거운 외투를 언제쯤 훨훨 벗어낼 수 있을까? 준호 엄마가 나서서 벗겨주어야 할 텐데. 그래서 준호가 자신의 꿈을 향해 스스로 달려가는 행복한 꿈둥이로 변신했으면 좋겠는데.

준호의 사례를 보면서 내 아이는 아동으로서 누려야 할 놀 권리, 보호받을 권리를 교육이라는 이름으로 억압당하고 있지는 않은지. 부모라면 새겨볼 필요가 있지 않을까?

행복한 아이

나더러
행복한 아이라고들 하지
먹는 것, 입는 것
갖고 싶은 것, 부모님의 사랑까지
풍요롭다고들 하지
그러나 난
하늘을 보다가도 눈물이 핑 돌지
훨훨 날아다니는 새 때문이라고?
그래, 그래,
그러나 사실은
꿈을 꾸고 있기 때문이지
난 지금
새보다 더 높이
하늘을 나는 꿈을 꾸고 있기 때문이지

―동시집 『개미의 소풍』 중에서

내 아이의 진정한 브랜드

나름 '썰렁 개그'로 웃기는 아이가 있었다.

"선생님, 우리 엄마가 좋아하는 적이 무엇일까요?"

"음, 산적, 고기 산적!"

"아니에요. 성적!"

"아이구, 맞네! 맞어."

맞장구를 쳐주며 깔깔거린 적이 있었다.

'성적'을 거꾸로 읽으면 '적성'이 된다. 성적도 적성도 학부모는 물론 학생에게 관심의 대상이다. 국립국어원 대사전에 '성적'은 '학생들이 배운 지식, 기능, 태도 따위를 평가한 결과'라고 나타나 있으며, '적성'은 '어떤 일에 알맞은 성질이나 적응 능력'으로 나타나 있다. 둘 다 학생의 능력을 의미한다는 점에선 비슷하다. 굳이 따져보면 성적은 결과를 떠올리는 의미이고 적성은 과정을 떠올리게 되는 의미로 해석된다. 우리 사회에선 아직은 과정보다는 결과를 중시하다 보니 부모들은 아이의 적성 개발보다는 성적 올리기에 더 관심이 집중되어 있는 편이다. 그러다 보니 성적에 맞춰 적성을 억지로 끼워 맞추는 경우가 많아지는 것이다. 초등학생인데도 아직 멀기만 한 대학입시를 걱정하며 성적이 몇 등인지 궁금해한다면 지나친 성적지상주의가 아닐까?

교육계에서는 이제는 달라져야 한다는 취지로 적성개발과 관련한 정책을 입안하여 시행하고 있다. 그중의 하나가 2015년에 제정한 「진로교육법」이다. 이는 '학생에게 다양한 진로교육 기회를 제공함으로써 변화하는 직업 세계에 능동적으로 대처하고 학생의 소질과 적성을 최대한 실현하여 국민의 행복한 삶과 경제 사회 발전에 기여함을 목적으로 한다'고 한다. 이러한 목적 아래 초·중등학교에서는 교육과정에 진로체험을 일정 시간 이상 반영하고 진로상담, 진로검사 등도 병행하고 있다. 또한, 학생들의 적성을 개발하는 기회를 주고자 학생 중심의 다양한 활동들을 편성하고 있다. 예를 들어 토론 참여형 수업, 동아리 활동, 스포츠 활동, 예체능 활동 강화 등이 이에 속한다.

특히 중학교에서는 2016학년부터 자유학기제를 운영하기 시작했는데 해마다 점점 확대 운영해 왔다고 한다. 교육부 발표에 의하면 2018년부터는 1년간 자유학년제를 운영하는 학교도 확대한다고 한다. 자유학기·학년제는 학생들이 한 학기 또는 한 학년 동안 중간·기말고사 등 시험 부담에서 벗어나 토론과 실습 등 직접 참여하는 수업을 통해 꿈과 끼를 발굴하고 다양한 체험활동을 할 수 있도록 교육과정을 유연하게 운영하는 제도라고 한다.

초등학교에서도 중학교 못지않게 아이들의 소질과 적성을 최대한 개발할 수 있도록 진로교육을 중요하게 다루고 있다.

그럼에도 불구하고 우리의 부모들은 초등학생을 공부 전쟁터에 내보내듯 학교로 보내는 이가 많다. 그리고 학교를 마치고 나면 보습학원까지 가는 코스로 연결시키고 있다. 그래야 조금이라도 안심하는 분위기다.

이렇게 초등학생부터 성적으로 아이의 능력을 재단하려는 것이 현명한 전략일까?

우리 반에 키가 죽순처럼 쑥쑥 커가는 운주라는 아이가 있다. 달리기도 잘하는 데다 피구는 물론 축구, 농구까지도 좋아하고 웬만한 남자아이들보다 더 힘이 좋고 공도 정확하게 잡아낸다. 운동 신경이 남다르고 악바리 근성도 보인다. 그런데 교실에서는 유독 공부에 스트레스를 받는 편이다. 나는 운주가 미래 운동선수를 하면 적성에 최고 맞춤일 것 같은 생각이 자꾸 들었다.

"운주야, 넌 키도 크고 힘도 좋으니까 농구선수나 배구선수 꿈을 꾸는 건 어때?"

"저는 좋은데 부모님이 반대하실 것 같아요."

"말씀드려 봤어?"

"아니요. 저보고 공무원 하라고 했으니까요."

"한번 말씀드려 봐. 이웃 중학교에 농구부가 있다는데 2년 뒤에 그곳으로 진학하는 방법도 있으니까."

운주는 자신의 키가 너무 커질까 봐 부모님이 걱정하고 있다는 말을 나한테 한 적이 있다. 걱정이 아니라 오히려 반길 수도 있는 점인데 자꾸만 아쉬운 마음이 들었다.

대부분 부모들은 운주의 부모처럼 자녀의 진로를 성적과 견주는 경향이 많다. 적성이 무엇일까, 조금은 궁금해하지만 성적을 최고로 여기니까.

초등학교 교실은 새 학기가 되면 연례행사가 있다. 꿈 가꾸기 코너에 그림과 글로 장식하기 위해 아이들의 꿈 조사를 하곤 한다. 이때

5학년도 6학년도 내 꿈이 무엇인지 고개를 갸우뚱하는 아이가 제법 있다. 꿈이 있다고 해도 남학생은 주로 운동선수, 과학자, 경찰, 여학생은 주로 연예인, 간호사, 선생님 등 흔히 알고 있는 직업 몇 가지를 떠올리는 편이었다.

그래도 요즘은 달라지고 있다. 진로교육이 활성화되기 전보다 다양한 직종에 눈을 뜨고 있다는 점이다. 초등학생 입에서도 게이머, 크리에이터, 바리스타, VJ, 셰프, 웹탐정, 파티시에, 소믈리에, 해커까지 등장한다. 세상은 넓고 할 일은 많다는 걸 알아가고 있는 참이다.

중요한 것은 아이들이 여러 가지 진로 탐색을 통해 '어떤 사람' 또는 '무슨 일'에 대한 꿈을 꾸어보라는 것이다. 꿈은 이루어진다고 하지 않던가? 설령 이루어지지 않을 꿈이라고 하더라도 내가 하고 싶은 일을 꿈꿔보는 일이 얼마나 행복한 일인가? 꿈이 있어야 성장이 가능하다. 꿈을 가진 아이와 꿈이 맹탕인 아이의 생활모습은 차이가 있다.

그런데 아이들에게 자신이 잘하는 점을 찾아보라고 하면 '아리송해' 하는 아이의 수가 더 많다. 성적이라는 프레임에 눌려 잘하는 것이 아무것도 없는 양 자존감이 낮다. 공부를 잘하는 한 아이가 있었는데, 자신이 잘하는 점을 모르겠다고 선생님이 좀 알려달라고 말한 적이 있다.

"너 공부 잘하잖아."

그 말을 듣고도 표정이 밝지 않았다. 오히려 퉁명스레 말했다.

"우리 엄만 공부 1등 하지 않으면 자랑하지 말랬어요."

그 말을 듣고 나는 잠시 기사에서 본 어느 고등학생 이야기를 떠올렸다. 전교 2등까지도 하던 아이가 전교 1등만 외치는 엄마를 위해 기어이 전교 1등을 해내고, '이제 됐어?'라는 유서를 남긴 채 투신 자살했다는 이야기 말이다.

자기 자랑거리를 말해 보라고 하면 남자아이들은 대부분 게임을 내세운다. 그래서 프로게이머를 최고 부러워하는 것 같다. 여자아이들은 좀 더 다양하긴 하지만 연예인 흉내 내는 걸 자랑거리로 삼는 아이가 많은 것 같다.

그중에서도 아이돌 춤 따라 하기가 압도적이다. 감각적이고 흥이 나는 재밋거리로 춤이 돋보이는 모양이다. 어린 시절엔 일단 흥미를 고려한 대상이 끌리는 법이니까 지레 염려할 필요는 없다고 본다. 자신이 잘하는 점, 좋아하는 점을 인식하고 있다는 것만 해도 소중한 발견이다.

나는 학부모들에게 당부하곤 한다. 잘못하는 점을 잔소리나 협박으로 몰아붙이지 말고 내 아이에게 잘하는 점을 하루 한 가지씩은 말해 주면 좋겠다고.

시시하다고 인정하지 않아서 그렇거나 잘 발견하지 못해서 그렇지 아이들에 대한 칭찬 거리는 얼마든지 있다.

학급에서 여러 아이를 함께 관찰하다 보면 다른 아이와 비교했을 때 단점도 잘 드러나지만, 장점 또한 잘 드러날 때도 있다. 교사들은 그런 장점을 기록으로 남겨 일 년에 두어 번 이상은 가정에 알려주지 않는가?

부모도 내 아이의 장점을 알아차리고 반복적으로 칭찬해 주는 전략이 필요하다. 특히 가장 큰 장점을 찾아 아이의 마음에 깃발을 꽂을 때까지 반복해주는 전략도 권하고 싶다.

"너는 정리정돈을 잘하는구나."

"너는 정리정돈을 잘하는구나."

이 말을 반복적으로 듣는 아이는 어느새 이렇게 되뇌곤 한다.

"나는 정리정돈을 잘하는구나!"

그래서 자신의 명함에 '정리정돈 최고, 미래의 큐레이터!' 이렇게 브랜드화하는 아이도 있었다. 이미 아이의 자존감이 쑤욱 올라간 것이다.

기업이 브랜드로 명성을 쌓듯이 개인도 자신을 브랜드화하도록 돕는 것이다. 아이 개인의 브랜드는 아이 개인의 자존감 브랜드와 다름없다. 나는 교사로서 매 학기 초에 아이들 스스로 자신의 명함 만들기 활동시간을 가지는 이유도 이런 점 때문이다.

앞으로 시간이 갈수록 성적 올리기보다는 적성 개발이 더 중요한 교육 화두가 될 것이라고 믿는다. 개인의 참다운 능력은 획일적인 교육, 주입된 성적이 아니라 스스로의 다양하고 광범위한 사고의 힘에서 실현되기 때문이다.

개인의 참다운 능력을 학업성적만큼 인정해주는 시스템에선 줄서기 속의 패배자 없이 모두가 승자가 되어 모두의 자존감이 높아질 수밖에 없다. 그런 세상을 내 아이가 누릴 수 있도록 도우려면 지금 당장 부모의 말 한마디부터 중요하다.

끈기 있게 연습하여 줄넘기를 잘하게 된 내 아이에게 오늘 당장 이렇게 한마디 하는 거다.

"와! 너 끈기 대단하구나. 줄넘기뿐 아니라 무엇이든 도전할 수 있겠어. 최오!"

줄넘기할 때

몸 안에
웅크리고 있던
게으른 숨들이 점점 바빠진다.

내가 오늘 먹은
밥 한 공기와 된장국이
빨리빨리 연료가 되어주고

다리가 휘청휘청해지면

어딘가에 얌전히 있던
방귀까지 달려 나와
힘내라며 응원한다.

힘들수록
내 몸 구석구석이
하나가 된다는 거.

줄넘기가 내게 말해 준다.

－동시집『숲 속 마법의 나라』중에서

'내가 아닌 너'라는 친구게임

> 아이에게도 친구를 객관화할 수 있는 공감능력이 필요해요

"친구 아이가."

그 유명한 영화 〈친구〉에 나오는 대사의 한 마디다. 영화에서 어릴 적부터 쌓아온 남자 친구들의 우정이 조폭 세계와 연계되어 친구 간 혈투까지 일어나는 이야기다. 친구 관계의 얽히고설키는 사건을 통해 많은 사람에게 재미를 준 영화였던 것 같다.

학교에서 아이들의 관심사는 공부 다음으로 친구 관계라고 할 수 있다. 그러다 보니 초등학교 교실에서도 친구 관계로 문제가 자주 발생한다.

소규모 학교의 6학년 교실이었다. 미진이는 남녀를 불문하고 제일 덩치 큰 여학생이었다. 초등학교 입학 이후 치마를 입어본 경험이 없는 남자 같은 여자아이였다. 행동도 말도 씩씩하고 거침없었다. 남자 아이들은 일찍부터 미진이를 '알아 모셨는지' 어느 누구 하나 여자라고 얕보지 않았다. 오히려 눈치를 보고 '꼬봉'행세를 하는 남자아이들이 생겨나 있었다. 대체로 부모의 사랑이 부족한 아이들이 미진이에게 극진했다. 미진이의 보호나 관심에 기대고 싶은 약자의 심리였다.

미진이는 우리 학교 내에서는 가정환경이 좋은 편에 속했다. 엄마

는 빵집을 운영하고 아빠는 스쿠버다이버였다. 미진이는 친구들에게 넉넉했다. 자주 빵을 가져와 아이들에게 나누어 주었다. 때로는 아이스크림을 사주고 준비물이 없는 아이에게 준비물도 나누어 주기도 했다. 의리 있는 행동으로 여자보다 남자들이 더 따랐다.

3월 전교 임원 선출에 당당히 나가 남녀 모두에게 압도적인 표로 회장에 선출되었다. 선생님들에게도 관심을 받기 시작했고 예의 바르게 인사도 잘했다. 여기까진 멋진 '파워 걸'이었다.

그러나 담임으로서는 미진이가 늘 불안의 대상이었다. 남자아이들을 데리고 다른 학교까지 원정을 가서 싸우고 온다든지, 무리를 지어 인근 유원지에 자주 놀러 다니곤 하는 것이었다. 친구들에게 인기가 높을수록 공부는 뒷전이었고 당연히 수업 태도도 좋지 않았다.

5월경 수학여행을 다녀온 이후는 문제가 더 심각해졌다. 엄마가 스스로 찾아와 아이의 불온한 행동을 꾸짖어 달라고 부탁을 했다. 담배를 피운다는 사실을 알았다는 것이다. 미진이를 따르고 있는 남자아이들이 가져다준다고 했다.

담임으로서 미진이와의 개인상담 횟수는 늘었고, 미진이는 그때마다 시원스레 약속을 잘 했다.

"선생님, 이제 잘할게요."

매번 위기를 모면하기 위한 말만 한다는 걸 알아채고는 매를 들고 혼을 내었다. 그때는 사랑의 매가 허용되었던 시기라 매를 들었지만, 약발이 없었다. 매보다는 내면을 움직이는 방법으로 접근하고자 했다.

그래서 아이들을 모아놓고 이문열의 '우리들의 일그러진 영웅'이라는 이야기를 들려주었다. 그리고 한때 영웅이었던 이야기 속 '엄석대'

라는 인물에 촛점을 두고 그 인물이 몰락해 갈 수밖에 없는 진실을 알려주었다. 이야기를 끝내고 반 전체 아이들과 집단 상담 격으로 토의·토론을 하고 마지막엔 모두 감상문을 적도록 했다.

'내가 엄석대라면'이라는 주제로 인물 투사 형식의 생각과 느낌을 통해 바른 친구 관계를 설득하고자 했다. 미진이 노력뿐 아니라 반 전체 아이들의 노력도 필요하다고 여겼던 것이다.

미진이 어머니도 때맞춰 미진이 설득에 적극적으로 나섰다. 어느 날부터 미진이가 조금씩 달라지고 있다는 변화가 감지되기 시작했다.

미진이가 조금씩 변하니 주변 따르는 친구들도 자연스레 제자리를 찾아가기 시작했다. 그 후 친구 간 크고 작은 일들은 있었지만, 다행히 더 문제를 확산시키지 않았다. 그리고 졸업 때까지 안정된 학교생활을 할 수 있었다.

처음 미진이의 착각은 자기 파워의 과시였다. 물질적인 환심으로 친구를 쉽게 내 편으로 만들 수 있었고, 내 편인 친구가 많아지니 무엇이든 자신감이 넘쳤던 것이다. 친구들에게 자신을 과시하느라 또래들이 겁내거나 두려워하는 짓을 골라 했던 것이다.

그런 일탈적인 행동에 미진이 어머니는 솔직하게 대응했다. 스스로 내 아이부터 잘못이라는 점을 인정했다. 그리고 문제를 해결하고자 학교 교사와 수시로 의견을 나누고 솔직한 의견을 전해주었던 것이다. 그래서 미진이 어머니 역할이 제일 컸다고 할 수 있다.

학교에서 아이들이 겪을 수 있는 또 다른 친구문제는 '왕따'이다. 왕따 현상은 고학년에서만 나타나는 게 아니다. 1학년부터 조금씩 보이는 경우도 있다.

"선생님, 지은이가 민서에게 나랑 놀지 말라고 했어요."

이런 식의 고자질이 심심치 않게 들린다. 교사도 그런 말이 들리면 흘려듣지 않는다. 사이좋게 지낼 수 있도록 적극적인 중재를 한다. 저학년 어린아이들은 금방 분위기가 반전되는 편이라 그때그때 중재로써 해결될 수 있다.

그런데 고학년생에게 왕따 문제가 생겼다고 하면 교사의 역할에 한계를 느낄 만큼 해결이 어려워진다.

시내에 자리 잡은 한 학교에서 6학년 담임을 맡았을 때 딱 그랬다. 우리 반 해영이는 긴 머리칼에 키 크고 콧대 오똑한 외모인 데다 학용품이나 액세서리, 옷 등이 고급스러워 반 친구들의 관심을 많이 받았다. 그러다 보니 내적으로 꿈을 꾸기보다는 외적으로 일회적인 꿈꾸기에 바빴다.

해영이는 수업태도가 불량스러웠고 자기 할 일을 거의 실행하지 않는 문제 등으로 교사의 지적을 자주 받는 편이었다.

그럴 때마다 교사에게는 강한 액션을 했다. 지적을 하면 건들거리며 교사를 무시하는 행동을 한다든지, 눈을 흘긴다든지, 심지어 혼잣말의 욕설을 한다든지.

'나 강한 아이야.'

그런 메시지를 교실 안으로 쫘악 깔아보겠다는 행동이었다.

혹시나 다른 아이가 교사에게 고분고분하면 걔를 왕따 작전으로 괴롭혔다. 아이들은 교사보다 해영이가 두려워서 교사에게 일러주지도 못하고 있었다. 교사도 왕따로 괴로워하는 아이의 엄마가 학교에 와서 털어놓았을 때에야 알게 된 것이다. 엄마는 자신의 아이가

'다른 학교로 전학을 보내 달라'고 울더라며 매우 속상해했다. 그때는 학교폭력자치위원회가 존재하기 직전이어서 학교 차원의 공식적인 대응이 어려웠다.

개인적으로 해영이를 불러서 오랜 시간 이야기를 나누었다. 왕따나 욕설을 하지 않겠다는 약속을 받아내고 교사로서 해영이의 두 손을 꼭 잡아주며 안도의 숨을 쉬었다.

그런데 다음날 해영이 어머니가 흥분한 상태로 교장실로 찾아왔다. 해영이가 피해자인데 담임이 다른 아이 편만 들었다는 것이다. 그 일은 교장실 면담으로, 학부모와 아이 상담 등으로 이어져 꽤 오랫동안 나를 힘들게 했다.

그래도 무사하게 어느덧 졸업식이 다가왔다. 길고 긴 일 년간의 고통을 끝내는 날, 졸업생을 보내고 돌아서는 나에게 해영이는 한 통의 편지를 주고 사라졌다. 뜻밖이었다.

'나의 잘못이 드러날 때마다 친구들이 나를 무시할 것 같아 그게 무서워 더 강한 척했습니다. 모든 친구들에게 사랑받고 싶어서 말썽을 많이 피운 것 같습니다. 초등학교 동안 나보다는 남을 꺾기 위한 행동을 많이 했습니다. 선생님에게도 사랑받고 싶었지만, 말썽을 피워 죄송합니다. 앞으로 선생님을 잊지 않겠습니다'라는 줄거리였다.

나는 눈물이 핑 돌았다. 잘 드러내지 않았던 아이의 내상을 들여다보았기 때문이다. '독점을 하고 싶은 욕망만큼 강한 척했구나'하는 안타까움까지 더했다.

대부분의 '왕따' 속내가 그렇듯이 해영이는 친구들의 사랑의 독점을 꿈꾸었던 것 같다. 그게 맘대로 되지 않자 왜곡된 친구 관계로 자기편을 유지하려고 했던 것이다. 처음부터 친구를 객관화하지 못하고 '자기화'에 빠져버린 잘못이 있었던 것이다.

해영이가 친구 관계를 정상화할 기회를 오히려 엄마 때문에 놓치지 않았을까 하는 생각이 내게 맴돌았다.

중학교 입학 후 들리는 소식에 의하면 해영이는 중학교에서도 친구 관계로 교무실에 많이 불려 다닌다고 했다. 여전히 이루어지지 않을 친구 독점에 대한 욕망을 끊지 못하고 있었으리라. 잘못을 알면서도 스스로 제어가 안 되는 해영이가 안타까웠다. 어릴 때부터 친구 관계를 잘못 인식한 탓이었던 것이라고 생각한다. 그것은 해영이 잘못만이 아니라 해영이를 쭉 싸고 있었던 주변인 모두의 탓도 있다고 여긴다. 특히 부모는 가장 큰 영향력을 주는 존재 아닌가?

해영이 엄마도 미진이 어머니처럼 내 아이가 친구 간 관계설정이 바른지 객관적인 시각에서 바라보았더라면 어땠을까? 내 아이가 꿈보다는 욕망으로 변질된 이유가 무엇이었는지 고민했더라면 어땠을까? 해영이가 친구는 물론 선생님과의 관계회복으로 덜 외롭게 학교 생활을 하지 않았을까?

친구는 '나' 아닌 바로 '너'다. 그래서 존중해 주어야 하는 것이다. 남을 존중해 주어야 나도 존중받는 엄연한 사회적 게임이다. 무엇보다 어린 초등학생 시기엔 바른 친구 관계의 형성에 부모의 역할이 크다. 그렇지 않으면 언젠가는 영화 〈친구〉에서처럼 내 아이가 친구 게임에서 버림을 받을지 모른다.

"내가 니 시다바리가?"

마음 맞추기

하양건반 까망건반
나란히 줄지어
마음 맞추기

#표, b표, ♮표
온갖 변덕스런 친구들
졸졸 따라다니며 약 올리지만

하양건반 목소리 낮추어
까망건반 목소리 더 올려주고,

까망이 너 잘 하는구나
하양이 너도 잘 하는구나
서로서로 통통 칭찬했더니

햇살처럼 박수 쏟아진다.

피아노 가슴 가슴마다
강물이 흐른다.
꽃이 핀다.

−동시집『숲 속 마법의 나라』중에서

학교에선 다가치多價値

> 학교는 꿈을 꿀 수 있는 곳, 그래서 갈 만한 가치가 있는 곳!

EBS 다큐멘터리 10부작 '학교란 무엇인가?'라는 기획 프로그램을 시청한 적이 있다. 다양한 학교 이야기가 있었지만, 나로서는 아직도 먹먹한 건 1부 첫 이야기였다. 어제 학교에서 도망친 아이를 교장 선생님이 아침 교문에서 한없이 기다리고 있는 장면이다.

'경훈이 잘하면 귀걸이 하나 사 줘야지. 맨날 귀걸이 하나만 하고 다니니.'

교장 선생님은 그렇게 되뇌며 오래도록 서 있었다. 하지만 아이는 결국 나타나지 않았고, 돌아서는 교장 선생님의 발걸음은 무거웠다. 자꾸 교문 쪽으로 뒤돌아보며 발길을 옮기는 교장 선생님의 모습이 내 가슴을 뭉클하게 했던 이야기다.

위의 사례는 일반 학교와는 다소 특별한 어느 고등학교 이야기지만, 나에게도 '학교란 무엇인가?'를 묻는다면 역시 한 마디로 이렇게 말하고 싶다.

"학생을 기다리는 곳."

배움의 장소로서 그들이 오늘 하루도 배움의 장소에 무사히 나타나야 하기 때문이다.

아침마다 교문, 교실, 신발장, 책상, 친구 그리고 선생님. 이 모두는 학생을 기다리고 있다. 만약 한 아이가 연락도 없이 등교 시각이 지났는데도 나타나지 않는다면 모두는 눈을 동그랗게 뜨고 상황을 궁금해한다.

나도 근래 두 번이나 놀란 적이 있다. 연락도 없이 등교시각에 나타나지 않은 아이 때문이다.

첫째 사례는 지적 능력이 조금 떨어진 1학년 성민이 때문이었다. 대학수학능력 시험일인 첫 시간이었다. 10시까지 등교라서 더 여유가 있었는데, 수업을 시작하는 시간이 지나도 성민이가 보이지 않았다. 반 아이들도 아침에 성민이를 본 적이 없다고 했다. 급하게 성민이 보호자인 할머니께 전화를 드렸다. 할머니께서는 성민이가 일찍 학교에 가고 자신은 마트에 일하러 나와 있다는 것이었다. 당연히 할머니께서도 깜짝 놀랄 수밖에.

나는 교실 아이들을 급히 자습시켜 놓고 성민이를 찾으러 교문 밖으로 뛰어나갔다. 교문의 '배움터 지킴이'분께 성민이 본 적 없냐고 하니, 그날따라 본 적이 없다고 하셨다. 가끔 오락을 하곤 한다는 문구점에도 물어보니 아침에 오지 않았다는 것이다.

나의 가슴에서 후두둑 방망이질이 시작되었다.

'분명 성민이에게 탈이 났나 보다. 나쁜 사람이 데리고 갔을지 몰라.'

학교 기준 동서남북으로 헤매고 있는데 성민이 할머니로부터 전화가 왔다.

"선생님, 성민이가 집에 있어예. 지금 학교에 데리고 가겠습니더."

그 전화가 얼마나 반가웠는지 모른다. 할머니는 하시던 일을 내던지고 냅다 집으로 먼저 갔다고 하셨다.

성민이는 그날 한 시간 늦은 등교를 모르고 평소처럼 등교하였던 것이다. 그런데 교실에 아무도 없으니까 일요일인 줄 알고 도로 집으로 가버린 것이었다. 학급의 아이들에게 주간학습이나 알림장으로 등교 시간이 안내되었지만, 성민이 할머니께 깜빡하고 따로 연락을 못 드린 것이 사달이 난 것이었다.

성민이가 교문에 나타날 때까지 창 너머로 목 빼고 지켜보았다. 드디어 성민이가 보이자 너무 반가워서 "성민아~" 소리 지르면서 손짓을 해 대었다. 선생님의 마음을 아는 듯 모르는 듯 성민이는 느릿느릿 운동장을 질러오고 있었지만. 그날은 교실에 있는 성민이가 무슨 짓을 해도 '이쁘게' 보이기만 했다.

성민이도 학교에서 배우는 게 있다. 많은 지식이 아니지만, 공동체를 배우고 소통하는 걸 배우고 식사예절도 배운다. 줄을 서야 하는 자리에 줄을 서고 인사를 해야 하는 상황에서는 인사를 하며 주는 음식은 골고루 잘 먹는다. 성민이도 학교는 '다같이' 규칙을 지키며 지내는 곳인 줄 어렴풋이 알고 있다. 받아쓰기를 할 수 없고, 수의 받아 올림이나 받아 내림을 할 수 없어도 하루하루 정신적 성장을 거듭해 가는 곳인 것이다. 그래서 성민이에게도 학교는 다른 아이들처럼 '다가치多價値' 있는 곳이다.

둘째 사례는 5학년 외동딸로 자라고 있는 주현이 이야기다. 등교 시각 8시 40분이 지났는데 나타나지 않았다. 자주 조금씩 늦는 편이어서 조금 더 기다려 보기로 했는데 첫 수업시간이 지나도 교실에 나타나지 않는 것이었다.

먼저 주현이 어머니께 전화했다. 송화기를 한참 들고 있었지만, 전화를 받지 않으셨다. 그래서 다음으로 주현이에게 전화를 해 봤다. 역시 전화를 받지 않았다. 주현이와 친한 민주에게 물어도 어제 놀다가 헤어져 집으로 돌아간 이후 소식을 모른다는 것이었다.

갈수록 마음이 조급해졌다. 분명 무슨 일이 생겼나 보다. 마지막으로 주현이 아빠와 통화를 시도했지만 역시 연결되지 않았다.

주현이 집을 직접 찾아가기로 했다. 교장 선생님께 이 사실을 알리고, 민주를 앞장세워 주현이 집으로 향했다. 학교 골목길을 한참 지났을 때 민주는 작은 빌라를 가리키며 "저기 3층이 주현이 집이에요."라고 했다. 급하게 3층 계단까지 올라가니 마침 집 안에서 아주머니 한 분이 문을 열고 나왔다. 조심스레 입을 열었다.

"여기 주현이 집이 맞는가요? 주현이 담임이거든요."

"아이고 선생님, 어쩐 일이신가요?"

"어머니, 주현이가 학교에 오지 않았는데 연락도 안 되고……."

"학교 안 간다고 지가 말했다는데……. 아프다고."

"그럼 주현이가 지금 집에 있는 게 맞네요. 집에 있다니 다행입니다. 주현이 얼굴이나 한번 보고 갈게요."

알고 봤더니 주현이는 입술에 물집이 생긴 트집으로 학교를 쉴 참이었던 것이다. 이를 어머니에게 엄살을 피우며 학교에 못 가겠다며 직접 전화를 하겠다고 해서 어머니는 그렇게 알고 있었다는 것이다. 주현이는 일부러 전화를 받지 않았고, 하루 동안 집에서 뒹굴뒹굴 놀 참이었다. 그 말을 듣고 순간적으로 화가 치솟았지만 '그래도 얼마나 다행이야? 이렇게 무사히 살아 있으니까'라고 가슴을 쓸어내려야 했다.

요즘 뉴스를 들어보면 가족 사건·사고의 끔찍한 일이나 아동학대 같은 소식들이 자주 들리다 보니 자라 보고 놀란 가슴 솥뚜껑 보고 놀랐다고나 할까?

아이들 이야기를 엿들어보면 주현이는 '공주과'에 속한다고 했다. 뭐든지 어머니가 다 챙겨주고, 아이들이 좋아하는 물건은 다 가지고 다닌다고 했다. 교사가 봐도 주현이는 학교에서 스스로 하는 게 별로 없다. 제 물건들이 주변에 나동그라져 굴러다녀도 말하지 않으면 주워 올리지 않는다. 짝 활동이나 모둠 활동에서도 협력이 잘 안 된다고 아이들이 싫어하는 편이다. 남이야 그렇건 말건 자신은 별 신경을 쓰지 않는 스타일이다.

5학년이면 선생님이, 친구들이 어떻게 생각할지 판단할 수 있음에도 가족 속에서 어리광을 피우고 귀여움만 받아서인지 남의 입장을 생각하는 공감 능력이 떨어지는 편이다. 그래서 급우 간에 자잘한 다툼이 자주 일어난다.

그날 당장 어머니께 주현이의 학교 이야기를 들려드리고 주현이가 어떻게 하면 좋을지 의견을 나누었다. 저녁에는 주현이 가족 모두 주현이 문제에 대해 이야기를 나누며 주현이의 태도를 진지하게 되돌아보는 계기가 되었다고 했다.

다음날, 학교로 돌아온 주현이는 껍질을 깨고 나온 새 마냥 자신의 날개로 날기 위한 몸짓이 감지되었다. 교사는 그런 주현이를 칭찬하며 주현이 부모님께도 달라진 주현이 모습에 대해 메시지를 보냈다. 급우들도 조금 더 주현이와 가깝게 지낼 수 있도록 노력하기 시작하는 모습이 보였다.

학교가 아니면 이렇게 배려하고 공감하는 배움을 어디서 얻겠는가? 5학년이라고, 6학년이라고 늦은 건 아니다. 배움은 어른이 되어서도 필요하고 노인이 되어서도 필요하니까.

앞서 성민이와 주현이는 나이 차도 있고 지능 차이도 있는 경우지만 아침 등교 시간 교사인 나를 혼비백산하게 만든 공통점으로 오래 기억되고 있다.

오래전에도 6학년 담임을 맡으며 미등교하는 아이들 때문에 아침 교실에 들어서자마자 출석 체크를 제일 먼저 한 적이 있었다. 근래엔 이런저런 이유로 학교에 빠지는 아이들도 있었던 것이다.

학교는 이런 아이들을 더 많이 기다려 주어야 하는 곳이다. 학교는 아이들에게 가장 따뜻한 보금자리가 되어야 하는 곳이다. 그래서 교사는 아이가 보이지 않으면 안절부절못한다. 아이들이 학교를 잘 찾아오는 것만으로도 얼마나 감사한 일인지 모른다. 부모 또한 내 아이가 학교를 잘 갔다 오는 것만으로도 얼마나 감사해야 할까?

학교는 아이들을 위한 모든 것이 준비된 곳이다. 즉, 모두를 위해서, 모두 같이, 모두 가치 있는 곳이다.(※이걸 재미의 의도로 '다가치(多價値)'로 표현했다. '다가치'는 연음법칙을 일으킨 '다같이'라는 뜻과 함께 '많은 가치(多價値)'를 지니고 있다는 의미를 함께 포함한 말이다.)

그러기에 우리 엄마들의 검색어 1위는 '날씨'로 나타난다. 북한이 미사일 도발을 한다고 난리가 아니어도 아이를 학교만은 보낸다는 신념이 바로 날씨 검색으로 나타난 것이라고 한다. 학교는 꼭 가야 할 만큼 가치 있는 일이니까.

그렇다. 부모든 교사든 지식 채우기에 너무 급급해 할 필요가 없다. 학교에 잘 가고 오는 것만으로도 분명 가치 있는 일이다. 거창한 걸 바라며 초조해할 필요도 없다. 아이가 바른길로 성장해 가는 하루하루를 기쁜 마음으로 맞이할 일이다. 학교에 가는 한, 아이의 꿈꾸기는 가능할 것이기 때문이다.

"학교 잘 다녀오겠습니다."

이제는 아이의 이 평범한 말이 최고의 인사, 최고의 아름다운 말로 여겨졌으면 좋겠다.

우산꽂이

교실 모퉁이에
한 송이 커다란 꽃이 피었다.

등굣길 힘들었던 일
빗방울에 모두 씻어버리고
빨강, 파랑, 노랑의 환한 얼굴로 마주했다.

난 바람에 날개가 꺾일 뻔했어.
난 자동차가 날린 흙탕물을 뒤집어썼어.
난 쏟아지는 빗방울로 정수리가 아팠어.

종알종알 이야기꽃을 피운다.

그래, 그래, 힘들었겠다.
마음 넓은 우산꽂이는
모두를 꼭 껴안아 준다.

−동시집 『혼자가 아니야』 중에서

Part 5

책 맛있게 먹는
내 아이

내 아이를 'kiss a book!' 하게 하려면 가족이 함께 하면 쉬워요

kiss a book!

이 용어는 10여 년 전 어느 동화 작가가 신문에 기고하고 있던 어린이 독서칼럼의 주제어였는데, 내게 아주 깊은 인상을 준 말이었다. '책과 뽀뽀한다'는 맥락도 그렇고, 무엇보다 'kiss'라는 말이 바로 독서교육의 필요성을 함의하고 있기 때문이었다.[2]

학교도서관활성화 5개년 계획이 오래전 2003년부터 추진되어 왔고 2008년 「학교도서관진흥법」이 시행되면서 학교에서 독서교육은 본격적으로 고조되기 시작했다. 독서교육의 중요성이나 독서지도 방법이 가정에도 많이 홍보되어 왔지만, 아직도 많은 가정에서는 아이의 책 읽히기에 대한 고민이 깊은 것 같다.

어쩌면 시대가 흐를수록 책과 가까워지기가 더 어려운 환경 때문이 아닌가 싶다. 흥미롭고 자극적인 매체가 아이들 가까이 침투해 있고, 상대적으로 책의 가치를 가벼이 여기는 사회 분위기 때문이다.

이 틈새를 메우기 위해서는 학교 교육의 몫이 크지만, 학교 교육을 받쳐주는 가정교육의 몫도 크다.

그래서 부모님들께 다음과 같은 '책과 친구 맺기'라는 요리를 제안하고 싶다.

---

2 Kiss의 K는 지식(knowledge), I는 지성과 사고력(Intelligence), S는 특별성과 전문성(Speciality), 또 하나의 S는 탁월성(Superiority)을 뜻한다고 한다.

재료준비

첫째, 집안에 다양하고 좋은 책 재료들을 장만해 둔다.
둘째, 책요리를 해칠 수 있는 다른 재료들은 치워둔다.
셋째, 양념볼에 흥미, 재미, 관심, 칭찬, 성취, 꿈 등의
갖은양념들을 고루고루 저어 놓는다.
넷째, 책 재료들을 잘 익힐 수 있는 묵직한 독서냄비를 준비한다.

요리방법

① 잘 준비된 '첫째'의 재료들을 독서냄비에 넣는다.
② '셋째'의 양념들을 재료 위에 켜켜이 끼얹는다.
③ 양념들이 잘 배게 시간을 두고 졸인다.
④ 독서습관이 깊숙이 배어들 때까지 인내심을 가진다.
⑤ 가족 모두 함께 참여하면 더 맛있는 요리가 완성된다.

학교도서관 활성화 5개년이 한창 진행 중이던 해에 나는 학급 아동들을 대상으로 '놀이와 대화로 접근하는 생각 키우기 독서활동'이란 주제의 독서교육 사례를 연구한 적이 있다. 그 연구 결과 학생 30명 대부분이 책과 친구를 맺는 긍정적 효과를 얻었기 때문에 여기에 간략히 소개하고자 한다.

그 연구에서 크게 세 가지 프로그램을 설정하였는데,

첫째는 독서체력 기르기,

둘째는 독서대화 나누기,

셋째는 생각 고리 엮기(Thinking-network)였다.

이 세 가지 활동 결과 얻어진 성과들은 아래와 같이 특별했다. 특히 가족의 협력이 있어 가능했기에 소개하고자 한다.

마당 1 | 나, 독서 체력 기르기

A. 독서에 관심과 흥미를 느낄 수 있는 여건을 조성하여 매일 독서 시간을 고정적으로 갖고, 사이버독서교육시스템 활용 등 독서프로그램 참여를 강조한 결과 계획적이고 목표지향적 동기부여가 가능했다.

B. 소홀하기 쉬운 장르의 시 읽기도 관심을 가질 수 있도록 다양한 활동을 한 결과 시와 가까이하며 심미적 사고력을 기를 수 있었다.

마당 2 | 짝 또는 가족, 독서 대화

A. 짝 또는 가족 간의 친교를 강화하고 관계를 활성화하여 재미있고 흥미 있는 게임이나 대화를 이끌어 독서 동기를 부여하는 데 기여했다.

B. 읽은 책 이야기 나누기, 독서일기 나누기, 독서 토론 등, 짝 또는 가족과의 상호작용을 증진시켜 생각을 꺼내는 데 자신감을 갖게 했다.

마당 3 | 모둠 또는 가족, 생각 고리 엮기

A. 학급 독서동아리를 조직하여 생각 나눔과 독서 표현놀이를 즐기는 과정을 통해 다른 사람과의 thinking-network을 형성하는 분

위기가 가능했다.

B. 교과 수업 모형을 통한 교과 연계 독서 표현놀이는 모둠 구성원 개개인의 무한한 상상력과 창의력을 탐구적으로 구성해 봄으로써 사고력의 확산에 큰 기여가 되었고, 가족 간에도 생각의 고리를 찾아 엮어봄으로써 생각의 재창조가 이루어질 수 있었다.

결론

수동적이던 독서 태도가 능동적이고 적극적으로 변화하였으며, 책을 읽고 짝, 모둠 또는 가족들과 다양한 표현 놀이를 스스로 즐기게 되었고, 생각의 다양성을 받아들이며 자기 생각과 느낌을 뚜렷하게 가지는 모습으로 변하였다.

위의 연구 과정에서 학교만의 노력으론 성과를 기대하기 어렵다는 걸 깨달았다. 특히 학교에서는 독서시간이 그리 많지 않다. 가정에서 많은 여가를 독서시간으로 확보하려면 부모의 관심이 필수적이다. 그래서 부모의 독서교육 중요성 공감, 가족과 함께 서점 가는 날 참여, 가족 독서 릴레이 참여, 가족독서신문 만들기 참여 등을 안내했는데 가정에서 적극적으로 협조해 주었다.

가정에서 관심만 있다면 쉽게 실천할 수 있는 활동을 좀 더 구체적으로 안내하자면 이렇다.

첫째, 독서체력을 기르기 위해 가정의 독서환경 조성, 부모의 관심, 가족의 격려, 가족 함께 책 읽는 분위기 조성이 필요하다. 둘째, 독서대화를 위해 의도적으로 시간을 정한다. 저녁 식사 후 소파에 앉아 자연스럽게 이야기를 나누는 기회를 가지면 된다. 셋째, 생각 고리 엮기를 위해 한 줄 가족 독서록 쓰기, 가족 독서신문 만들기 등으로 생각을 표현하는 기회를 가지는 것만으로도 다목적 효과를 기대할 수 있다.

위의 학급 독서 프로그램에 열심히 참여한 결과 많은 변화를 가져온 근찬이네 사례가 있다. 가족 참여의 주춧돌이 되어준 근찬이 어머니께 들은 내용을 재구성해 소개하고자 한다.

근찬이는 평소 친구들과 운동장에서 활기차게 뛰어노는 걸 좋아했다. 그러나 집에서는 아이들에게 유행하였던 플레이스테이션 비디오 게임을 즐겼다. 나는 인근에서 가게를 운영하느라 집을 비우고 있었는데, 근찬이는 빈집에서 그 게임으로 시간을 보내기 일쑤였다. 게임하느라 학원도, 숙제도 뒷전이 되는 경우가 많았다. 이런 근찬이를 두고 나는 고민이 깊어졌지만 특별한 대안을 못 찾고 잔소리만 늘어나고 있던 중이었다.

4월 중 학교 담임으로부터 '놀이와 대화로 접근하는 생각 키우기 독서활동'에 대한 협조 가정통신문이 왔다. 그 통신문을 보는 순간 나는 근찬이를 책과 친구 맺어주기로 결심했다. 그래서 근찬이의 독서체력 기르기를 위해 엄마부터 앞장서야겠다고 팔을 걷어붙였다.

먼저 근찬이와 약속을 정했다.

첫째, 엄마는 매일 게임 시간을 50분까지 허락한다.

둘째, 엄마와 근찬이는 책 읽는 시간을 50분 이상 가진다.

셋째, 주 1회 거실을 미니 도서관으로 활용한다(매주 수요일 TV 켜지 않는 날).

넷째, 월 2회 이상 주말을 이용해 서점이나 지역도서관을 함께 간다.

다섯째, 가족독서토론을 매월 1회 꼭 실천한다.

근찬이는 처음 얼마간 허락된 게임 시간 50분은 너무 짧고, 독서 시간 50분은 너무 길다고 짜증을 내기 일쑤였다. 그러나 나의 뚝심으로 아이를 설득해가며 나부터 책을 손에 쥐고 다녔다. 집안일을 하는 틈틈이 책을 읽는 모습을 보여주었고, 근찬이 아빠, 동생 모두에게도 책을 읽자는 캠페인을 벌였다. 가족 모두 책을 읽어야만 월 1회 가족독서토론에 참여할 수 있었으니까.

나는 그동안 가게 운영의 수입이나 돈벌이에 관심을 더 많이 쓰며 지내온 게 사실이었다. 그러다 보니 집안에 아이들이 읽을 책이 얼마 없었다. 부끄러운 마음이 들었다. 당장 담임선생님이 제공해 준 권장도서 목록을 챙겨 거실에 작은 서가를 갖춰나갔다. 아빠도 저녁 술자리를 줄이게 되었고 가족독서 토론도 무난하게 이어졌다.

이제 가족독서토론에 나타낸 우리 가족의 한줄 독서록 한 부분을 소개해 보기로 한다.

- **엄마**
- '오늘의 자신을 있게 한 것은 동네 도서관이었다. 컴퓨터가 결코 책의 역할을 대체하지는 못할 것'이라는 빌 게이츠의 말이 여운을 남겼다.
- **아빠**
- 여성으로서 현재 미국의 국무장관으로 국가적인 어려운 문제를 잘 해결할 수 있는 것은 어릴 때부터의 습관 교육의 힘이 큰 것 같다.
- **근찬**
- 모모는 모모의 단짝 친구랑 정말 재미있게 논다. 나도 친구랑 싸우지 않겠다.
- **동생**
- '철은 지혜를 따라가지 못한다. 아무리 비싼 보석도 지혜를 따라가지 못한다.'는 말이 기억에 남는다.

근찬이네 가족은 바쁜 중에도 책을 구심점으로 서로를 이해하는 마음으로 성장하였고 이는 근찬이뿐 아니라 가족 모두 책과 친구를 맺게 된 사례였다. 이것은 연구자인 본인에게도 책 읽기에 대한 부모의 관심이 구체적인 실천으로 옮겨질 때 어떤 변화가 일어나는지 알려주는 소중한 경험이었다.

오늘 당장 근찬이 가족처럼 가족 모두 '책과 친구 맺기' 프로젝트를 시작해보면 어떨까?

읽다 만 동화책

내가 읽다 만 동화책

책 속은
지금쯤 마법이 걸려 있을 거야.

흐르던 시냇물이 뚝 멈추고
달리던 말은
공중에 휘잉 떠 있고

노래하던 공주의 입은
쩍 벌려진 채로 말이야.

모두
날 기다리고 있겠지.
빨리 책문을 열어달라고

―동시집 『혼자가 아니야』 중에서

맛있는 책 집어 들기

아이를 위한 책 고르기, 부모의 정보, 관심, 노력, 3박자가 필요해요

책 고르기는 쉬우면서도 어렵다. 부모나 교사들이 유심히 고민하는 것 중 한 가지다. 더구나 내 아이에게 '맛있는 책'을 골라주려면 고민이 더 필요하다. 여기서 '맛있는 책'이란 재미와 감동을 주는 책을 일컫는다.

관심을 기울여 이왕이면 '맛있는 책'을 직접 골라주면 부모로서 뿌듯해지기도 하고 아이도 책을 소중히 여길 것이다.

그러려면 아이 먹을 음식을 정성스레 만들 듯이 아이가 읽을 책에 대해서도 관심과 정성이 필요하다. 그것은 어린이 책에 대한 정보가 우선 있어야 한다. 아이 독서 문제를 쉽게 여겼다간 불량 음식을 먹이는 것만큼이나 해로운 결과를 만나게 된다.

예를 들어, 주말을 맞이하여 모처럼 아이와 책 가게를 갔는데 아이가 만화책을 집어 들고 떼를 쓴다면? 아이에게 유익한 책을 사줄 목적이었지만 아이만 믿고 아무 준비 없이 갔다간 한방에 목적을 잃어버릴 수 있다.

서점의 인기 있는 만화책은 거의 비닐 동봉 상태다. 동봉하지 않으면 몇십 분 만에 그 자리에서 다 읽어치울 내용들이니까 판매가 될 리 없을 것이다. 그림이 많다 보니 가격이 비싸지만 내용이 감각적이

고 흥미 위주라 아이들에게 인기가 많은 것이다. 그런 책들은 여기서 말하는 '맛있는 책'의 범위에서 벗어나는 경우가 대부분이다.

얼마 전 근무했던 학교에서는 연 2회 '책가방' 프로그램을 몇 년째 운영했다. '책가방'이란 '책이 있는 가게를 방문하는 날'이란 의미다. 시내에 있는 책방 거리나 대형서점을 선택해서 가게 되는데, 아이들에게 어떤 책을 사면 좋을지 사전에 교육한다. 그리고 사고 싶은 책을 미리 조사해 두라고 일러둔다.

그럼에도 불구하고, 책 가게를 몇 바퀴 돌고 난 후 마지막엔 아이들이 꼭 이런 질문을 한다.

"선생님, 만화책 사면 안 되나요?"

"다른 책을 골라보세요."

"선생님, 학습만화책은 괜찮지요?"

"괜찮긴 하지만……."

그러면 어떤 아이들은 시무룩해진다.

"선생님, 만화책 사면 안 되나요?"

"다른 책을 골라보세요."

"선생님, 학습 만화책은 괜찮지요?"

"괜찮긴 하지만……."

그러면 어떤 아이들은 시무룩해진다.

"선생님께서 사고 싶은 것 생각해 오라고 하셨잖아요?"

"맞네. 하지만……."

인기 있는 만화책을 사고 싶어 내 곁에서 끈질기게 복닥거렸다. 그후 '책가방' 행사 때는 사고 싶은 책을 고르되 권장 범위를 못 박아두기로 동료 교사들과 협의를 거쳤다.

교사와 함께 책 가게를 동행했을 때도 인기 중심의 충동구매를 하고 싶어 하는 아이들 때문에 교사도 이렇게 난감한 상황인데 부모는 오죽할까? 그런 경험이 있는 어떤 학부모는 아이랑 책 가게를 가기 싫다고 했다.

"책 사라 하면 만화책이나 살려고 하니 저희는 아예 책 가게를 안 가요."

"그럼에도 불구하고 같이 가 보세요. 좋은 추억도 되고 다양한 책을 구경하는 것만으로도 책에 관한 관심을 끌게 하거든요."

책 가게를 방문하여 사전 정보로 좋은 책을 골라 집어 들어 모두가 만족하면 좋겠지만, 설령 그렇지 않더라도 나쁘진 않다. 책 가게 방문은 아이도 엄마도 마치 책 전시회를 관람하듯 책의 냄새도 맡고 책의 질감도 느끼면서 책과 친해지는 효과를 거둘 수 있으니까.

전문가들은 책과 가까워지기 어려운 아이에게 책과 가까워질 수 있는 여건을 먼저 만들어 주라고 한다. 처음부터 또래의 수준이나 부모의 욕심만 생각하지 말자는 것이다. 잘 읽을 수 있고 재미있게 읽을 수 있는 책부터 가까이할 수 있도록 하자는 의미다. 그런 의미에서 만화책부터 접근을 시도하는 것도 나쁘지 않다고 생각한다. 때에 따라서는 유익한 글과 좋은 그림의 만화책도 많은 것으로 알고 있다. 그런 책부터 잘 골라 아이의 독서 구미를 당기는 전략이 필요하다.

학부모와 상담을 할 때 내 아이에게 어떤 책을 구입해 주면 좋을지 질문을 종종 받는다. 학년에 따라 읽으면 좋을 책의 종류가 따로 있어야 하는 건 아니다. 다만 발달단계에 따라 관심도와 읽기 능력이 달라지기 때문에 아이들이 선호하는 책의 종류는 있다. 오랫동안 학교현장에서 아이들의 독서교육에 관심을 가져온 사람으로서 이를 저, 중, 고단계로 정리하면 다음과 같다.

- **저학년**
  ○ **특징**: 새로운 환경에 대한 적응의 시기, 독서 습관형성이 시작되는 시기, 그림에 대한 호기심이 많음, 동물에 대한 애착이 강함, 상상력이 풍부함, 들려주는 이야기에 흥미가 많음
  * **추천도서류**: 전래동화, 생활동화, 저학년용 위인전, 명작그림책
- **중학년**
  ○ **특징**: 독서수준 차가 벌어지는 시기, 만화에 관심이 높아지는 시기, 독해력이 발달하는 시기
  * **추천도서류**: 창작동화, 시, 위인전, 교과연계 과학이야기
- **고학년**
  ○ **특징**: 책의 선호도가 분명해지는 시기, 비판적이고 논리적인 독서가 가능한 시기, 사회와 역사에 대한 관심이 높아지는 시기, 하이틴 소설에 관심이 시작되는 시기
  * **추천도서류**: 창작동화, 고전 명작, 시, 역사책, 과학책

특히 책을 가까이하기 위한 목적으로 저학년 아이에게 골라줄 재미있는 책들이 뭐가 있을까 고민된다면 다음의 책들을 참고하면 좋다.

- 『도서관에 간 사자』, 『책읽기 좋아하는 할머니』, 『책 먹는 여우』, 『책벌레 피요』, 『책만 읽고 싶어 하는 아이』, 『책 읽어주세요, 아빠!』, 『상상하는 책』

요즘은 국어 수업 시간에 여러 차시에 걸쳐 지도해야 할 학년별 독서교육 과정이 있다. 나는 수업시간에 다음과 같은 책 고르기 5단계

를 반복적으로 지도하는데, 가정에서도 쉽게 적용해 볼 수 있기 때문에 여기에 소개해 보겠다.

제목 보고 내용 상상하기 ⇨ 표지그림 보고 주인공 상상하기⇨ 차례를 훑어보기 ⇨ 책장 넘기며 훑어보기 ⇨ 출판사, 글쓴이 확인하기

이를 참고하여 아이와 책 고르기 훈련을 반복하면 아이에게 책을 고르는 안목을 높여 줄 수 있다.

그렇지만 귀찮기도 하고 바쁘기도 해서 함께 책 고르기 절차를 생략하고 부모 마음대로 전집 100권, 200권씩 세트로 장만해 버리는 경우가 많다. 이런 경우엔 아마도 할인 혜택이나 '초등생이면 꼭 읽어야 할 책'이라는 광고에 마음이 끌려 거금을 들인 경우가 많을 것이다.

내 주변을 보더라도 이런 책들은 거의 책장에서 장식용으로 있다가 중고로 팔거나 물려주는 경우가 많았다. 내가 아이를 키울 때 지인으로부터 새 책처럼 팔팔한 과학책 시리즈 100권을 물려받은 적이 있다. 그 책들은 다시 별로 이용도 하지 못하고 다른 지인에게 물려주고 말았다. 이렇게 이용도가 낮은 이유는 다음과 같다.

첫째, 아이들의 독서수준이나 선택권을 반영하지 못한다.

둘째, 책에 대한 호기심을 자극하지 못한다.

셋째, 쌓여 있는 책에 대한 심적 부담을 높인다.

책 집어 들기 실패를 예방하려면 단 한 권이라도 내 아이가 '맛있

는 책', 즉 재미와 감동을 받을 수 있는 책을 골라주어야 한다. 단 한 권의 책에 재미와 감동을 받았다면 아이는 반드시 다른 책도 집어 들고 싶은 마음이 생긴다. 전염은 생각보다 빨라질 수 있다.

그러려면 서두에서 언급했듯이 부모가 책에 대한 정보를 잘 아는 게 우선이다. 아이와 함께 자주 책 가게를 방문하거나 도서관 방문을 할 수 있으면 좋겠지만, 시간에 쫓기는 부모라면 인터넷으로 정보를 검색해 보는 것도 나쁘지 않다.

나의 경우 아이들이 고학년이 되었을 때는 동네 책 대여점을 줄곧 이용하니 좋았다. 아이 독서 선호도도 반영하고 권장목록도 반영해서 주당 세 권을 집으로 배달해 주고, 독서수준에 따라 도서수준도 업그레이드해 주는 시스템이었다.

나는 그 시스템에 등록하면서 아이와 약속을 했다.

"일주일에 이 세 권은 꼭 읽도록 하자."

"그럼 뭐 줄 건데요?"

"뭐 주긴 책 주잖아? 알았어. 다 읽으면 왕 스티커 하나씩 줄게."

"왕 스티커 모으면?"

5개 모으면 치킨 한 마리 어때?"

"그럼, 20개 모으면 피자, 50개 모으면……."

저학년과는 달리 고학년에는 관심 분야가 넓어지고 주변 친구들 분위기에 휩쓸리기 쉽다. 그래서 독서에 대한 관심이 점점 식어갈까 봐 아이가 좋아하는 음식을 가지고 동기를 유발했던 것이다.

처음엔 책 읽기를 맛있는 음식 먹기로 여겼지만 갈수록 책 그 자체를 '맛있는 책'으로 여기기 시작했다. 첫째에 이어 둘째도 초등학창

시절을 책과 담쌓지 않도록 한 노력이 지금 생각해도 부모로서 뿌듯하다. 아이들이 상급학년으로 올라갈수록 어려워지는 학습수준을 잘 따라갈 수 있었던 것은 사교육이 아니라 어릴 적 광범위한 독서의 힘이었다고 믿고 있으니까.

책 고르기와 관련하여 또 하나의 사례가 더 있다. 석학자 하워드 모스코비츠(Howad Moskowitz)는 게임에 빠진 아들에게 철학책을 골라주었다고 한다. 철학책을 읽히기 위해 많은 노력을 쏟았고 결국 아들은 게임중독에서 벗어날 수 있었다고 했다.

이 외에도 어릴 적부터 책 읽기가 습관이었다, 가족으로부터 책 읽기의 영향을 받아 독서로 아픔을 치유했다, 미래 성공의 발판이 되었다, 등의 사례들이 얼마나 많은가? 에디슨(Thomas Alva Ediso), 링컨(Abraham Lincoln), 나폴레옹(Napoleon), 빌 게이츠(Bill Gates), 헬렌 켈러(Helen Keller), 오프라 윈프리(Oprah Winfrey), 조앤 k.롤링(Joan K. Rowling), 정약용, 세종대왕……. 그래서 책은 위대한 것이다. 그래서 책은 맛있다는 것이다.

이토록 '맛있는 책'을 아이들은 왜 집어 들기 힘들어 할까? 솔직히 아이의 주변에는 책보다 달콤하고 맛있는 것들이 수없이 널려 있기 때문이다. 하지만 책 읽기에 빠져들어 헤어 나오지 못하는 아이들도 있다. 잘 집어 들기만 하면 책은 이 세상 무엇보다 달콤하고 맛있는 존재가 될 수도 있는데…….

초등 6년의 소중한 시간이 다 가기 전에 내 아이가 꼭 책 사랑에 빠져들게 시도해 보는 건 어떨까? 그러려면 부모부터 책 사랑에 빠져들어야 한다. 이런 말도 있지 않은가?

"부모가 가장 좋은 책이다."

바쁘다고, 어렵다고 아이의 중요한 독서 시기를 어영부영 내버려두면 결국엔 다음과 같은 푸념으로 돌아올 것이다.

"아예 책을 손에 들지 않네. 내 이럴 줄 알았어, 알았다고!"

엄마 귀는 달라요

엄마랑 도서관 갔어요.

책 넘기는 소리
코훌쩍이는 소리

시끄럽다고 해서
살살 하고 있는데

딴 생각하는 소리
잠 오는 소리

그것까지 들리는지
눈빛 쏘아대는 엄마

아무튼
우리 엄마 귀는
'귀신'할 때 '귀'라고요!

―동시집『혼자가 아니야』중에서

책 요리하기

책 속의 보물을 건지려면 독서되새김이 꼭 필요해요

"책을 열 권 읽는 것과 한 권 읽고 독후활동하는 것 중 어느 것이 성장에 도움이 될까요?"

오래전에 교사 독서교육 연수 시간에 강사로부터 들은 질문이다. 질문에서 짐작했겠지만, 책을 열 권 읽는 것보다 한 권을 읽더라도 제대로 된 독후활동이 중요하다는 의미로 던진 질문이었다.

전국 교사들의 모임인 '독서교육연구회'에서도 아이들의 '1독 1행' 을 강조하며 한 줄이라도 기록으로 남길 때 독서의 효과가 높아진다 고 했다.

나 역시도 독서교육 과정에서 책 읽기 활동 못지않게 독후활동을 늘 강조해 왔다. 즉, 되새김으로 독서효과를 높이려 한 것이다. 하루 를 지나면 되새김으로 일기를 써 보고, 체험을 다녀오면 되새김으로 소감문을 작성해 보듯, 책을 읽고 나면 '독서되새김'을 한다는 원칙을 가졌다. 물론 아이들은 독후활동을 귀찮아 한다. 자칫 잘못 접근하 면 책 읽기 자체에 대한 거부로 이어질 수 있다.

그래서 첫째, 의욕을 불어 넣고 성취감을 느끼게 하는 강화제가 필요하다. 아이들 교육에는 항상 비타민 같은 강화제가 요긴하게 쓰 이는 법이다. 둘째, 독서되새김의 방법적인 면에서 세밀한 접근이 필요하다. 일반적으로 저학년, 중학년, 고학년을 달리하여 적용하는 방법이 좋지만, 개인별 수준이 먼저다. 셋째, 좀 더 쉽고 흥미를 주는 방법을 찾아야 한다.

독서되새김은 학년 단계별로 접근하는 것이 좋다. 그러기 위해서는 학년 단계의 특성을 고려해야 한다.

먼저 저학년의 경우는 제일 조심스러운 단계다. 글쓰기가 정착되지 않았고 문장 쓰기도 어려워할 수 있기 때문이다. 하지만 개인차가 크기 때문에 서서히 적응할 수 있도록 도우면 충분히 가능하다. 일단 책을 읽는 권수가 많기 때문에 그걸 일일이 독서되새김 활동을 하라고 하면 무리다. 다섯 권에 한 권 정도 골라 집중적으로 되새김해 보는 식의 나름대로 융통성이 필요하다. 저학년으로서 쉬운 독서되새김 방법으로는 한 줄 소감 말하기, 주인공 자랑하기, 주인공 그려보기, 독서 글똥누기(한 줄 생각이나 느낌 쓰기) 등 간단한 방식이 좋다.

중학년은 저학년보다는 조금 더 수준을 올려서 시도하면 좋지만, 거부감이 많은 아이들에겐 저학년 수준의 반복적인 활동도 괜찮다. 상황이 좀 나은 아이들에겐 독서 토론도 통한다. 중학년 정도면 나름의 선악 기준이 있어 주인공과 주변 인물들에 대한 판단이 서기 때문이다. 학교에서는 친구들과의 토론 기회가 많은데, 가정에서도 가족과의 독서토론을 하면 더 재미를 느낄 것이다. 개인적으로 오랫동안 학생들을 관찰한 결과 독서가 가장 왕성한 시기가 중학년이었다. 그리고 독후활동에도 가장 많은 호기심과 흥미를 가지는 시기도 중학년이었다.

고학년은 지적인 영역의 사고 확장이 활발히 일어나는 시기이다.

한편으로 감정의 기복이 많아지는 사춘기에 접어들고 있다. 그래서 이런 시기의 아이는 부모의 요구나 지시에 거부감을 가지기 쉽다. 하지만 고학년에게 독서가 얼마나 중요한지를 인식한다면 이는 내버려 둘 일이 아니다. 물론 그렇다고 사교육 힘을 빌리기 위해 독서 관련 학원으로 보내는 건 신중해야 할 것이다. 독서가 공부라고 느껴지는 순간 독서에 대한 흥미를 떨어뜨릴 수 있기 때문이다.

고학년의 독서되새김 지도가 가정에서 힘이 부친다면 아이가 학교 독서교육 활동에 성실히 참여하도록 격려해 주는 방법을 제일 권하고 싶다. 학교에 따라 차이가 있겠지만, 학교에서는 고학년을 대상으로 하는 독서되새김 행사나 교육활동이 아주 많다. 독서퀴즈, 독서골든벨, 독서감상화그리기, 도서원화그리기, 독서논술, 독서토론대회, 독서감상문쓰기, 지역도서관체험 등. 이러한 다양한 활동에 참여하기 위한 적극적인 준비 과정이 독서되새김의 좋은 기회가 될 수 있다.

저, 중, 고학년을 거치며 책과 지낸 시간이 적지 않았음에도 불구하고 수업시간에 제일 인상적으로 읽은 책 한 권 소개해 보라고 하면 고개를 갸웃거리는 아이가 많다. 6학년이 되어도 저학년 때 읽은 그림책 『신데렐라』, 『백설 공주』, 『강아지똥』에서 벗어나지 못한 아이도 있다. 많은 날을 책과 함께 지낸 시간이 있었음에도 불구하고 마음에 저장해 두지 않았거나 못했다는 사실이다.

읽은 책의 수가 아무리 많아도 내 마음에 남는 진정한 한 권의 책을 떠올리기 어렵다면 독서되새김 활동을 제대로 하지 못했다는 의미다.

'독서왕'으로 불리던 한 아이가 있었다. 별명이 '책쟁이'였다. 책쟁이는 어릴 때부터 엄마의 독서에 대한 깊은 관심으로 이미 독서력이 상당했다. 6학년으로서 고전의 양서도 많이 읽고 있었다.

책쟁이의 아침 독서시간 독서 모습을 살펴보면 책을 읽다가 뭔가를 열심히 적고 있었다. 기억에 남는 말, 생각, 공감 가는 부분 등으로 나누어 색깔을 달리한 포스트잇에 메모하고 있었던 것이다. 메모한 포스트잇은 책갈피마다 붙여 놓는다고 했다. 책을 다 읽은 후 포스트잇 중심으로 독서되새김을 한다는 것이다.

아주 바람직한 방법이어서 나는 다른 아이들에게도 그런 활동을 적극적으로 권하곤 했다. 책쟁이처럼 독서되새김을 스스로 적극적으로 할 수 있다면 독서 분야만큼은 더 바랄 것이 있을까?

어쨌든 이렇게 적극적인 독서되새김을 많이 한 책쟁이는 확실히 사고의 확장력이 좋았다. 독서의 힘을 기반으로 판단력, 결정력, 창의력 등 무엇이든 남달라서 리더로서 역할도 톡톡히 하곤 했다. '리딩으로 리더하라'는 말을 증명이라도 하듯이.

요즘은 가정마다 컴퓨터의 보급이 확대되면서 전 학년 독서되새김 활동을 쉽게 할 수 있는 온라인 시스템이 있다. 바로 '독서교육종합지원시스템'이라고 일컫는다. 교육부 지원의 컴퓨터 기반으로 구축되어 있으며 초등학교 1학년부터 고등학교까지 적정 수준에 알맞게 이용할 수 있다.

이 시스템은 2001년 부산교육청 1개 지역 시범사업으로 출발하여 현재는 전국 17개 교육청에 확대하여 구축되었다고 한다. 이 시스템은 독후활동, 도서정보, 독후활동지도 및 학교도서관자동화지원

(DLS) 메뉴로 나누어져 있으며 지속적으로 기능을 고도화하여 학생들의 독서활동을 돕는 역할을 하고 있다.

지역별 관리 홈페이지를 방문해 보면 이용 안내가 있다. 아이와 함께 홈페이지를 방문하여 이용 방법을 숙지하고 효과적으로 이용할 수 있는 계획을 세워보는 게 좋을 것이다. 특히 늘 바쁜 부모를 둔 자녀들은 이 시스템 하나만으로도 독서와 독후활동의 충분한 지원을 받을 수 있기 때문에 적극적으로 권장하고 싶다.

이제, 아이가 책을 읽기만 하고 끝내기보다 독서되새김까지 마무리하는 습관을 가지도록 부모로서 무엇을 어떻게 도와주어야 할지 감이 왔으면 좋겠다. 그리고 독서되새김을 어떻게 할지 아이와 이야기를 나누어 보면 좋겠다. 당장 문구점에서 파는 독서기록장이 필요한지, 독서지원시스템 회원 가입이 필요한지를 말이다.

이렇게 독후활동이 정착된다면 아이가 굳이 많은 책을 읽지 않더라도 차곡차곡 생각이 여물어갈 것임에 틀림없다. 머지않아 부모는 아이가 책과 함께 무럭무럭 성장해가는 모습을 흐뭇하게 느끼게 될 것이다.

독서되새김은 책 속의 보물을 건지는 일이기 때문이다.

혼자가 아니야

우두커니 서 있는
작은 느티나무 한 그루
겨우내 고민 중이었어요.

어떻게 잎을 틔울지
어떻게 가질 뻗을지

봄바람이 먼저 찾아왔어요.
"고민하지 마. 함께하면 돼!"

봄볕은 청진기부터 들이댔어요.
"그래, 건강하면 됐어."

비비새가 가지를 툉겼어요.
"올해도 화이팅!"

그래요.
나는 혼자가 아니에요.

큰 나무가 될 거예요.

−동시집 『혼자가 아니야』 중에서

책 먹는 아이

책에 감동을 받은 아이는 반드시 『책 먹는 아이』가 되지요

아이들이 좋아하는 책 중에 『책 먹는 여우』가 있다.

'들쥐나 토끼나 잡아먹을 일이지, 책을 먹다니 어떤 요상한 여우일까? 정말 도서관에 여우가 나타났다면? 근데 책을 어떻게 먹는다는 건가? 책을 먹으면 고기보다 더 맛있을까?'

이상의 생각들은 내가 아이의 입장에서 『책 먹는 여우』를 떠올려본 것들이다. 책을 읽기 전에 말이다.

『책 먹는 여우』의 작가 프란치스카 비어만(Franziska Biermann)은 어느 기자와의 인터뷰에서 "이 책의 모티브는 '먹다'와 '읽다'의 의미를 동시에 가진 독일어 단어에서 얻었다."는 말을 했다. 여기서 '먹다'는 '집어삼키다'로 해석된다고도 했다.

그래서 이렇게 제목의 의미를 정리해 보았다.

'여우가 책을 집어삼키듯 읽는다.'

그럼, 여우는 책이 얼마나 맛있기에 삼키듯 먹을까?

솔직히 나는 책 제목만 알고 있었지, 책을 읽어보지는 않았다가 비어만 작가가 우리나라를 방문한 기사를 보고서야 호기심이 발동해서 이 책을 읽어보았다.

책을 읽어가면서 나는 작가의 멋진 상상력에 박수를 쳤다. '아이들을 위한 책 읽기 전도사가 따로 없구나.'라고 생각했다. 『책 먹는 여우』라는 이 한 권의 책으로 '책 먹기 비법과 효능'을 다 알려주는 것 같았다. 그 비법과 효능을 여우의 입장에서 정리하면 다음과 같다.

책을 읽기만 하고 끝낼 것이 아니라, 내가 후추와 소금을 치듯 상상과 창의적 생각을 덧붙여 요리를 해 먹어야 해요. 그 맛이란 어떤 맛일까요? 오래오래 시간이 흘러도 마음속에 남아 있는 맛이고, 배탈이 나기는커녕 마음까지 행복하게 하는 맛이 돼요. 내가 그 행복에서 못 빠져나오기 때문에 도서관에 가서 책을 훔치는 일까지 계획했잖아요? 마음이 나빠서 책을 훔치러 간 게 아니에요. 읽을 책이 없으니까 책을 찾으러 간 것이잖아요? 책은 먹으면 먹을수록 더 먹고 싶어지는 걸 어떡해요? 그러니 당연히 책이 많은 곳으로 나서야 하지요. 욕을 먹고 야단을 들을 줄 알면서도 남의 책까지 맛있게 요리해 먹고 싶었던 나의 마음을 이해할 수 있나요? 나는 결국 책을 쓰는 작가가 되잖아요? 그리고 부자가 되잖아요? 책을 맛있게 잘 먹는다면 나처럼 자신이 바라는 꿈을 이룰 수 있고 부자도 될 수 있다고요.

나는 이 책을 읽고 나서, 책을 싫어하거나 왜 책을 읽어야 하는지 모르는 아이에게 이 책을 꼭 권하고 싶은 마음이 들었다. 책의 소중함을 아직 잘 알지 못하는 저학년뿐만 아니라, 알면서도 실천이 안 되는 고학년에게도 유익한 독서가 될 것이라고 믿었기 때문이다.

부모도 아이와 함께 이 책을 읽어보는 게 좋겠다고 생각했다. 책을 읽고, 아이와 함께 독서에 관한 이야기를 나누기에 딱 좋은 책이기 때문이다. 책 속의 여우 이야기를 자유롭게 나누다 보면 아이는 작가가 말하고자 하는 의도에 자연스럽게 접근하게 될 것이다.

가령, 『책 먹는 여우』를 읽었다면 다음과 같은 관점의 이야기들을 나누어 보는 것이다.

※ 질문을 던지는 사람은 부모가 되면 좋다, 고학년이라면 아이가 먼저 질문해보게 하는 것도 좋은 방법이다. 아이의 생각을 먼저 듣고, 부모는 적극 호응을 해준다. 부모의 생각은 되도록 아이의 말을 다 들은 후 표현한다.

1. 이 책을 읽고, 뭐가 제일 재미있었니?
2. 네가 여우라면 소금과 후추 대신 무엇을 뿌려서 책 요리를 하고 싶니?
3. 넌 읽을 책이 없으면 어떻게 할 생각이니?
4. 직접 작가가 되기로 한 여우의 행동에 대해 어떻게 생각하니?
5. 여우 대신 네 이름을 넣으면 어떤 내용이 맞을 것 같니?
6. 여우는 왜 책을 좋아했을까?
7. 여우를 엄마에게 소개한다면 어떻게 하고 싶니?
8. 너는 여우의 어떤 점을 본받고 싶니?
9. 여우처럼 책을 많이 읽으면 어떤 점이 좋을 것 같니?
10. 이 이야기의 주제(중심 생각)는 무엇일 것 같니?

한 권의 책으로 이렇게 다양한 관점에서 추론하고 유추하는 활동을 하다 보면 아이의 생각이 익어갈 수 있다. 그리고 더욱더 감동의 세계로 빠져들 수 있다. 이 감동의 순간을 감상문, 비주얼 씽킹, 창의적 표현으로 나타낸다면 그 감동은 더욱 오래도록 마음에 남게 될 것이다. 그렇게 하여 책 먹는 여우처럼 정말 책을 먹어치우고 싶은 단계까지 나아가는 것이다.

나는 이것을 『책 먹는 여우』에 빗대 '책 먹는 아이'로 일컫고 있다. 앞에서 강조한 '독서되새김'과는 차이가 있다. '독서되새김'은 머릿속의 정리를 목적으로 하는 독후활동이라고 한다면 '책 먹는 아이'는 마음속 내면화 작용이라고 말할 수 있다. 이런 아이는 책의 세계에 동화가 되어 감동의 울림도 커진다. 그리고 나면 책을 삼키는 욕구로 다른 책까지 골라 읽게 된다.

"책을 읽기만 하면 되지 감동이 중요한가요?"

그렇게 반문하는 아이들도 있다.

사실은 책을 가까이하기 → 책을 집어 들기 → 책을 요리하기의 3단계까지만 성실히 해도 교사나 부모는 마땅히 칭찬할 만하다. 책을 읽고 되새김까지만 해도 얼마나 기특한가? 책 아니고도 관심을 끄는 재미나는 장난감도 많고 전자기기도 많은데 말이다. 그리고 읽은 책을 되새김해서 머릿속에 정리까지 해둔다는 건 쉬운 일이 아니기 때문이다.

그런데 책을 '맛있게 먹는' 황홀한 경험에 이르는 것은 게임에 중독되는 것과 비슷하다. 책 속에도 한 번 빠지고 나면 책 읽기가 그렇게 맛있어지는 것이다. 여우처럼. 나의 경험상 학급당(고학년 기준) 최대 30% 정도까지 '책 먹는 아이'가 가능했다.

휴대폰 대신에 책을 읽으며 기다리고 있는 아이, 읽던 책을 마저 읽는다고 교실에 남아 있는 아이, 도서관 가는 것이 취미가 된 아이, 독서록 쓰기 횟수를 스스로 늘리는 아이, 책을 읽고 창의적 표현활동을 좋아하는 아이, 감동 받은 책을 쉽게 떠올릴 수 있는 아이 등이 '책 먹는 아이'의 유형이다.

이러한 유형의 아이들은 어느 날 갑자기 책의 세계에 빠진 경우도 있었지만, 책과 함께 오랜 시간을 거치는 과정에서 서서히 '책 먹는 아이'로 발전한 경우가 많았다. 두 경우의 공통점은 아이와 부모의 공동 노력으로 결실을 보았다는 점이다. 그 노력을 다섯 가지로 소개하고자 한다.

첫째, 무조건 책이 있는 세상을 만들어 주는 것이다. 책 관련 행사나 서점, 도서관으로 아이를 빨려들게 하는 기회를 많이 가지는 것이다.

둘째, 여가, 자투리 시간을 독서시간으로 확보하고 몰입할 수 있도록 주변 환경을 도서관화 한다. 학원에서 국어를 배우게 하는 것보단 집에서 독서하는 시간을 주는 것이다.

셋째, 책과 관련한 정보, 시간, 금전을 아끼지 않는 것이다. 책에 대한 투자는 내 아이에 대한 미래 투자기 때문이다. 부모가 적극적으로 학교나 인터넷, 지역도서관에서 제공해 주는 정보에 관심을 가지고 시간과 금전 지출까지도 과감히 실행에 옮기는 것이다.

넷째, '우리 엄마, 아빠도 독서를 좋아한다.'는 모습을 보여주는 것이다. 가족 모두 참여하는 책읽기 문화가 필요하다는 의미다. 엄마의 드라마 보기를 줄이고, 아빠의 게임 시간을 줄이고, 가족이 함께 책 보는 시간을 최대한 늘리는 것이다.

다섯째, 가족의 독서 역사를 만들어가는 것이다. 읽은 책에 대한 많은 독서 흔적을 남긴다면 성장하는 아이로서 독서자존감과 독서 성취감의 나이테를 그려갈 수 있다.

이상의 다섯 가지 노력이 벅차다면 적어도 두세 가지라도 꾸준히 실천해 보기를 권하고 싶다. 언젠가는 내 아이가 『책 먹는 아이』로 다시 태어나는 모습을 기대할 수 있을 것이다. 나는 항상 독서에 관심과 노력을 쏟아온 한 교사로서 그렇게 믿고 있다.

"희망아, 여우만 책을 먹는 게 아니야. 너도 먹을 수 있어."

이제 알겠지?

자꾸 무거워지는 내 몸을
불평 없이 단단히 받쳐주고
공부가 짜증이 나서
막 흔들어대도
꽉 잡아주는 일 포기하지 않아.
아빠 같은 의자.

가녀린 다리로 묵묵히 서서
쓸모없는 지우개 똥도 받아주고
속상할 때 엎드리면
토닥토닥 어깨를 감싸주기도 해.
엄마 같은 책상.

이제 알겠지?
내가 주저앉지 않는 이유

－동시집 『혼자가 아니야』 중에서

Part 6

톡톡Talk Talk 튀는
똑똑한 내 아이

아이의 하루를 '왜?'부터 시작하게 해 주세요

"'생각'하면 떠오르는 3가지를 적으시오."

이런 서술형 문제가 주어진다면 다음 세 가지를 적고 싶다.

'생각'하면 첫 번째로 떠오르는 것은 로댕의 〈생각하는 사람〉 조각상이다. 워낙 유명하다 보니 사진으로도 흔히 볼 수 있다. 클로즈업된 사진 속의 군상은 그야말로 생각에 빠져 있는 고독한 인간의 모습을 연상하게 한다. 그런데 얼마 전 파리의 박물관에서 직접 바라본 조각상의 모습은 실망스러웠다. 독립된 조각상이 아니고, 문 위쪽에 다른 조각들과 함께 자그마하게 자리 잡고 있었던 것이다. 그런데 그 작품의 서사적 배경을 알고 나니 생각은 180도 달라졌다.

'생각하는 사람'의 조각상이 자리 잡고 있는 문은 다름 아닌 단테 『신곡』의 〈지옥의 문〉이었던 것이다. '지옥의 문'이라는 아수라장에서 그 구원의 길을 고민하는 '시인'으로 등장하여, 고통스러워하는 인간을 바라보며 생각에 잠겨 있는 모습을 표현하기엔 그 위치가 '딱'이라고 생각했다. 그것은 결국 '생각이 인간을 구원한다는 메시지가 아닐까?'라고도 생각했다. 역시 인문학적 접근(생각)이야말로 작품의 가치를 제대로 이해하게 된다는 것을 일깨워 준 경험이었다.

'생각'하면 두 번째로 떠오르는 것, 파스칼(Pascal)의 "인간은 생각하는 갈대다."라는 말이다. 인간은 갈대처럼 약하지만 '생각'이라는 강한 힘을 가진 존재라는 것이다. 어린 시절 산등성이에서 흩날리는 억새를 보고(갈대로 잘못 알고 있었음) 친구들에게 "인간은 생각하는 갈대야."라고 일갈한 적이 있다. 그 명언은 책을 읽다 알게 되었지만 어린 나이에도 그 말에 홀린 이유가 있었다. 소 풀 먹이는 산등성이엔 키만큼 자라난 억새풀들이 흩날리곤 했는데, 조용한 산자락, 풀을 뜯는 소 곁에서 잔잔한 음률의 워낭 소리를 들으며 바라본 억새풀들은 어린 마음에도 한 폭의 그림으로 다가왔던 것이다. 그때 나는 '생각하는 갈대가 정말 멋지구나!'라고 감상에 젖곤 했다. 어릴 적부터 혼자서 책읽기를 좋아하고 사색을 즐겼던 나의 모습에서 역시 '생각'을 빼놓을 수 없었던 것 같다.

'생각'하면 세 번째로 떠오르는 것, '생각은 가르치는 일에 필요한 영원한 주제'라는 것이다. 생각이 없는 '가르침'이란 있을 수 없다고 생각한다. 그건 '가르킴'이 될 뿐이다. 교사 생활 33년 동안 아이들에게 매일같이 '생각'의 고리를 던지는 일을 해왔으니 가히 '생각'이 나의 업이 된 셈이다.

"애들아, 생각 좀 해 볼까?"

교사들은 웬만하면 결론이나 답을 알려주지 않으려고 한다. 스스로 생각해낼 때까지 생각 군불을 지펴주고 있을 뿐이다. 그런데 오래 생각하는 과정을 힘들어하고 지루해하는 아이들이 많다. 유아 시절부터 생각하는 과정이 충분하지 못한 탓이라고 여긴다. 그래서 교사라면 누구나 '생각하는 아이'가 항상 교육의 지향점이 되고 있다.

아무래도 요즘은 환경적으로 아이들이 생각할 기회가 점점 밀려나고 있는 것 같다. 활동은 있으나 생각을 할 겨를이 없는 바쁨, 오래 생각하기보다는 빨리 결단을 요구하는 스피드 시스템, 생각을 정리하는 글쓰기의 회피 등을 예로 들 수 있다.

실제로 생각 세포보다 감각 세포가 먼저 움직이고 사람보다 기계가 먼저 움직이는 환경 속에 살고 있지 않은가? 그럴수록 아이들에게 생각을 되돌려 주기 위한 교사의 노력, 나아가 가정에서의 관심이 필요한 것이다.

그럼, 생각하는 아이로 키우기 위해 가정에서는 어떤 역할이 필요할까?

첫째, '빨리'라는 말을 금지어로 삼아야 한다. 내 아이가 컴퓨터 타자를 빨리 치는 것이 그렇게 대단한 걸까? 내 아이가 스마트폰 문자를 축약으로, 자음으로, 빨리 보내주는 것이 기특한 것일까? 내 아이가 책을 빨리 읽고 끝내는 것이 똑똑한 것일까?

교실에서 빨리 끝낸 과제를 보면 생각이 담기지 않고 껍데기만 그럴싸하게 포장되어 있다. 반대로 늦더라도 고민한 흔적이 있는 과제는 껍데기가 보잘것없어도 생각이 담겨 있기 때문에 가치가 있는데 말이다. '빨리'에 집중하는 결과 중심의 문화는 아이들 주변에 차고도 넘친다.

타자를 잘 치는 아이들은 보고서를 쓰더라도 생각이 아닌 손이 전력 달리기한 모양새다. 아침 독서 시간이 20분인데, 여러 권의 책을 읽어내는 아이는 속독 능력이 아니라 빨리 읽는 데 주력한다. 그림을 빨리 그려내는 아이는 스토리가 없이 단순한 선과 색으로 채워져 있다. 빨리 몇 줄 적은 일기는 일과의 시간별 단순나열로 끝난다. 수학 한 문제도 생각의 과정보다 빨리 답이 나오는 연산문제에 열광

한다.

물론 모든 아이가 그렇다는 것은 아니다. 숫자가 희소하지만 천천히 생각을 곱씹으며 끝까지 버티는 아이들도 있다. 그래서 요즘 새삼 주목받고 있는 인문학의 주제 'Slow, Slow'가 이러한 현상에 대한 되물음이 아니겠는가?

둘째, '왜?'라는 생각을 하도록 해야 한다. 부모가 입혀 주는 대로 받아 입고, 부모가 챙겨주는 대로 가방을 들고 아무 불만 없이 나가는 아이를 예쁘게만 바라볼 것인가? 학교에서 일어나는 자잘한 학교폭력 상황을 살펴보면, 왜 때려야 했는지 이유도 모르고 생각보다 행동이 먼저여서 탈이 나는 경우가 빈번하다.

그래서 항상 '왜?'라는 생각은 습관화되어야 한다. 그런 생각이 없다고 여겨질 때는 교사든 부모든 먼저 '왜?'라는 질문을 해보는 것이 교육이다. 특히 부모는 일상생활 속에서 아이에게 늘 '왜?'라는 질문을 던진다면 아이의 생각하는 습관 형성에 좋은 지렛대가 될 것이다.

만약 아이가 먼저 질문을 해 온다면 그 질문을 되물어주는 게 필요하다.

"엄마, 이 옷 어때?"

"넌 어떻게 생각해?"

이런 식의 문답은 부모의 뇌 속에 자동 세팅되어 있는 게 좋다. 바쁘게 일하고 있는데 성가신 질문을 한다고 짜증을 낼 게 아니다. 인공지능 분야의 살아있는 토마스 포지오 교수는 수다스러운 부모가 아이를 똑똑하게 만든다고 강조했다. 본인도 아이가 태어나는 순간부터 모든 것에 대해 일부러 이야기를 담아 나누었다고 한다.

셋째, '왜?'라는 질문에 정답을 알려주지 말아야 한다. 틀려도 스스로 생각해서 말하도록 기다려주어야 한다. 수업시간 교사의 질문에 아이가 머뭇거릴 때 교사로서 나는 끝까지 기다려주기 위해 노력한다. 더듬거리는 말을 받아서 이끌어줄 수는 있지만, 생각의 기회를 자르지는 않는다. 주변 아이들은 머뭇거리는 친구 대신 자기가 말하고 싶어 안달이 나지만 기다려 주라고 부탁한다. 그리고 아이가 오랜 생각 끝에 말문을 열었을 땐 크게 칭찬해 준다.

가정에서 아이를 키울 때도 아이가 질문을 하면 되도록 답을 가르쳐주지 않았다. 대신에 답을 알아낼 수 있는 도구들을 추천해 주곤 했다. 사전, 인터넷, 책, 심지어 교과서까지. 시간이 걸리긴 하지만 자신의 질문에 대한 대답을 스스로 찾아냈을 때 아이는 더 성취감을 느끼는 걸 보았다. 이러한 습관이 쌓여 자기주도적 학습력으로 이어져 사교육에 의존하지 않고도 목표하는 학업성취도를 가져올 수 있었다.

넷째, 어릴수록 상상력을 키워주어야 한다. 인공위성으로 달나라의 비밀을 알아버린 시대지만, 지식보다는 아름다운 상상력을 지닌 아이들이 있어야 한다. 스마트폰이 모든 비밀의 열쇠를 다 쥐고 있지만, 스스로의 무한한 상상과 호기심의 밧줄을 타고 노는 아이들이 많아야 한다. 남이 만들어 놓은 지식과 정보를 아는 것은 좀 늦어도 된다. 대신 책 읽기, 문화예술 감상, 과학체험, 글쓰기 등과 연계하여 상상의 날개를 펴는 시간을 갖는 게 미래교육이다.

나는 교실에서 틈틈이 아이들이 시를 읽고 시를 쓰는 시간을 가지고 있다. 시를 잘 쓰게 하는 것이 목적이라기보다 시 쓰기를 통해 사물에 대해 깊이 생각하는 기회를 가져보는 게 목적이다. 디지털시대에 인스턴트식 생각으로 사물을 접하다 보면 사람도 인스턴트 사람이 되어 버린다. 아이들도 시 쓰는 시간만큼은 로댕의 〈생각하는 사람〉이 된다. 시를 쓴답시고 턱을 괴고 있는 모습 자체가 내가 보기엔 로댕의 작품보다 더 아름다운 작품이다. 기어이 좋은 생각을 품어낸 아이에게 '생각짱'이라는 이름을 붙여주며 '엄지 척'을 해 준다.

황경식 서울대 철학과 교수는 "열 살까지는 공부보다 아이의 생각에 집중하라."고 했다. 우리 부모들은 조기교육이다 뭐다 해서 우리말을 익히기 전에 영어의 바다에 빠뜨릴 고민을 하고, 구구단을 빨리 외게 하고, 원리를 무시한 연산을 반복 훈련시키고 있다.

이러한 '빨리와 암기'식 패러다임에서 이제는 빠져나와야 한다. 제4차 산업혁명 시대가 코앞인데 미래를 살아갈 우리 아이들에게 헛된 고생을 시켜서는 되겠는가? 차라리 '생각짱'에 도전하는 기회를 많이 주는 것이 현명한 부모다. 그러려면 오늘 하루도 내 아이를 어떤 '생각 레시피'로 지내게 할지 고민해 보아야 할 것이다. 풍요롭고 영양가 있는 아이의 삶은 '생각하는 사람'으로부터 시작될 수 있으니까.

주전자

오늘도 가슴 가득
사랑의 물 채우고

데워지면 식히고
식고 나면 또 데우며

목마른 나를 기다려
컵 가득 부어주는 울 엄마

―동시집 『숲 속 마법의 나라』 중에서

질문짱 도전하기

가족이 함께할 수 있는 교육놀이, 그건 질문놀이예요

'. 를 ?로 만들면 !가 된다.'

이 말은 내가 교실에서 질문놀이를 시작하며 아이들에게 제시한 표어다. 이 질문놀이 시작은 사회 수업 때문이다.

딱딱한 단어로 채워져 있는 사회 교과서를 펼치면 아이들은 졸린 흉내를 내었다. 미리 조사를 하거나 자료를 챙겨오면 발표수업이나 토론중심의 수업을 할 수 있는데, 아이들이 싫어하는 과제라 다른 수업방향으로 전환했다. 그게 질문놀이 공부다. 말하자면 나만의 하브루타 기법이다.

학습주제에 대한 동기유발을 거치고 교사가 준비한 영상자료나 그림 자료 등을 통해 개념을 이해시킨 후 20분 정도는 질문놀이 시간을 준다. 질문놀이가 끝나면 5분 정도는 생각을 정리하는 시간으로 마무리하는데, 싫어하던 사회시간을 기다리는 아이들이 많아진 것이다.

우선 질문놀이는 짝이나 모둠원과 함께 하기 때문에 서로 친교활동이 가능해 인성교육에 도움이 된다. 다음으로는 주도적인 질문으로 서로 정보를 주고받는 과정에서 사실에 대한 인지도를 높이고, 나아가 사고의 확장도 이어진다.

그러다 보니 사회를 싫어하는 학생 수가 확실히 줄어들고, 사회 학력도 향상되었다. 무엇보다 질문놀이를 할수록 질문의 질도 조금씩 발전해 갔다. 어떻게 대답해야 할지를 고민하기 때문이다. 즉, 자기 질문에 자기 대답 준비까지 가능해지는 것이다. 이런 학습 과정을 통해서 '질문의 힘이 크다'는 말을 확실히 실감할 수 있었다.

『질문의 7가지 힘』의 저자 도로시(Dorothy Leeds)는 "질문을 하지 않는 것은 지도가 없이 떠나는 것과 마찬가지다."라고 했다. 이 말을 아이 교육에 빗대어 표현하자면, '질문을 하지 않는 아이는 배움 없이 공부하는 것과 마찬가지다.'라고 바꾸어 표현할 수 있겠다.

아이들은 태어나 말문이 트이기 시작하면 질문부터 시작하지 않나 싶다. 혹시 아이가 일하는 부엌까지 따라와 엄마 치맛자락을 붙들고 이런 질문들을 쏟아낸 적이 없었는지?

"불은 왜 뜨거워?"

"냉장고는 왜 키가 커?"

"숟가락은 왜 이렇게 생겼어?"

"밥솥은 왜 칙칙 소리를 내?"

……

이런 경우 어떻게 아이를 대할 것인가?

"아이 시끄러워, 그것도 몰라?"

이렇게 말하면서 아이를 거실로 몰아내 버릴 것인가? 아니면 혼자 떠들도록 내버려 둘 것인가?

이런 경우 아이는 점점 질문이 줄어들 것이고, 얌전히 TV나 보면서 엄마에게 '효자 노릇'이나 하지 않을까?

반면에 영유아 때의 호기심, 궁금증을 초등학생이 되어서도 계속 가지고 있다면 분명 부모는 귀찮을 것이다. 하지만 이는 아이가 똑똑하게 잘 크고 있다는 증거이다. 다시 말해 '질문짱'이란 말이다.

내 아이를 '질문짱'으로 키우고 싶다면 아이의 질문이 아무리 유치해도 부모의 적극적인 리액션은 필수다. 그래야 생각이 꼬리를 물고 와 다시 새로운 질문으로 이어질 수 있다.

단언컨대, 질문을 많이 하는 아이는 똑똑해질 수밖에 없다. 생각이 질문을 만들고 질문이 생각을 키우기 때문이다. 실제로 어린아이 때부터 질문놀이 교육기법을 적용한 유대인들에게서 노벨상 수상자가 가장 많이 배출되었다고 하지 않았는가? 유대인들은 그 교육기법을 '하브루타³'라고 일컫고 있다.

그동안 주입식 교육에 빠져 있던 우리나라에서도 갈수록 하브루타 교육기법을 적용하고자 하는 움직임이 활발해지고 있다. 잠자는 아이의 뇌를 자극하고 생각을 깨우는 학생 중심의 교육이 되려면 이러한 질문놀이에서부터 시작되어야 함을 인식한 것이다.

이렇게 유익한 질문놀이는 학교라는 공간에서만 가능한 것이 아니다. 부모와 자녀 사이 일상생활 속에서도 마음만 먹으면 얼마든지 이루어질 수 있다. 특별히 어려운 이론을 적용하는 것이 아니기 때문이다. TV를 보면서, 밥을 먹으면서, 마트를 가면서, 목욕을 하면

---

3 하브루타(Havruta): 친구를 의미하는 히브리어인 하베르에서 유래한 용어로, 학생들끼리 짝을 이루어 서로 질문을 주고받으며 논쟁하는 유대인의 전통적인 토론 교육 방법이다. 유대교 경전인 『탈무드』를 공부할 때 주로 사용된다. 나이와 성별, 계급에 차이를 두지 않고 두 명씩 짝을 지어 공부하며 논쟁을 통해 진리를 찾아가는 방식이다. 이때 부모와 교사는 학생이 마음껏 질문할 수 있는 환경을 만들어 주고 학생이 스스로 답을 찾을 수 있도록 유도하는 역할을 한다.

서…….

일찍이 동서양 철학의 대가인 공자와 소크라테스(Socrates)의 공통점은 문답법을 즐긴 것이라고 했다. 그리고 누군가는 또 이렇게 말했다.

"한 사람의 크기는 한 사람이 던진 질문의 크기와 같다."

더구나 미래 제4차 산업혁명 시대를 이끌어 가야 할 우리 아이들은 앞으로 질문의 크기를 더 키워가야 할 책임까지 가져야 하지 않겠는가? 누군가 가르쳐주는 대로만 주워 담는 것은 진정한 배움이 아니라고 한다.

이제 부모는 아이에게, 아이는 부모에게 서로 '질문짱'이 될 약속을 해보는 건 어떨까? 질문놀이를 계속한 만큼 배움과 성장의 크기는 달라질 것이니까.

문득, 이 글의 마무리에서 이 글을 읽는 부모에게 질문놀이를 해보고 싶다.

"오늘 당신의 아이에게 어떤 질문을 받고 싶은가요?"
"왜 그 질문을 하고 싶은가요?"
"아이가 무엇이라고 대답을 할 것 같은가요?"
"아이 대답이 당신의 예상과 다르다면 무엇이라고 말할 건가요?"

엄마의 앞치마

우리 엄마의 앞치마는
빨간 고춧가루 색깔이에요.

동글동글
하얀 소금 무늬가 그려져 있고요

그래서
김치냄새가 나요.
때론 떡볶이 냄새도 나지요.

엄마가 앞치마만 두르면
뚝딱뚝딱 차려지는
요술 손맛 냄새들이지요.

-동시집 『혼자가 아니야』 중에서

발표짱 도전하기

발표는 심리, 집에서부터 두려움을 없애고 칭찬은 많이!

"선생님, 오늘 교실에서 가장 행복한 아이는 어떤 아이라고 생각해요?"

복도를 서성이던 교장 선생님이 쉬는 시간이 되자 교실 문을 열고 들어와서 이런 질문을 했다.

"아, 가장 행복한 아이는 오늘 수업시간에 발표를 멋지게 한 아이 아닐까요?"

"그래요? 선생님은 어째서 발표를 멋지게 한 아이가 제일 행복하다고 여기시나요?"

"걔는 발표를 잘해서 선생님과 친구들의 칭찬을 받았거든요."

"그럼 칭찬받은 아이는 발표 잘한 아이만 있나요?"

"아뇨, 숙제를 잘한 아이도 있고, 바른 수업태도를 가진 아이도 있어요. 하지만 발표를 잘한 아이는 무엇보다 자신감이 있어 보여요. 쉬는 시간에도 기분이 좋아 싱글벙글하고 있네요."

이상은 허구의 내용이다. 행복교육을 강조하는 교장 선생님이 오늘도 행복한 아이를 찾아 복도를 돌아다닌다는 나의 상상 속 이야기다. 하지만 상상 속의 이 아이는 실제 학급당 몇 명은 있다.

'발표를 잘하려면 어떻게 해야 하나?'

이 질문은 어른이나 아이 모두의 고민인 것 같다. 그만큼 발표해야 할 일도 많고, 발표 잘하기도 어려운 게 사실이다.

요즘은 학교에서도 리더십캠프 같은 인성교육을 마련해 발표 기술을 익히는 프로그램을 운영하기도 한다. 발표력 향상을 위해 전문학원을 찾는 경우도 있다고 하지만, 그렇지 않더라도 별도의 노력으로 가능한 방법이 있다.

예를 들어, 발음문제를 고치기 위해 연필을 입에 물고 발음 연습하기, 울렁증을 해소하기 위해 복식호흡법 배우기, 큰 목소리를 위해 구호성 목소리 내기 등이다.

근래엔 발표를 프리젠테이션화하는 걸 선호하는 편이라 굳이 학원까지 가서 배우다고 하는데 학교 컴퓨터 방과 후 정도면 충분히 가능하다고 본다.

그런데 '발표짱'의 자격으로는 첫째가 발표의욕이 아닐까? 그러기 위해선 가정생활 속에서 아이가 의사를 자유롭게 표현하는 기회를 주고, 아이의 의견을 적극적으로 수용해 주는 민주적인 가정환경이 더 중요하다.

내가 겪은 사례를 말하자면, 나는 학창시절 발표를 하지 못해서 손해 본 아이라고 생각한다. 학교에서 공부는 자신 있으나 남 앞에서 발표하는 활동은 너무 부끄러워 한 번도 스스로 손을 들지 않았다. 어쩌다가 선생님의 지명으로 발표할 기회가 있으면 일어서는 것조차 버거워 모른다고 고개를 저어버리곤 했다. 공부시간에 열외자인 나에게 선생님이나 친구들의 관심이 있을 리 만무했다. 그런데 나의 속마음은 발표도 하고 싶고 선생님이나 친구들의 관심도 받고 싶었다. 반장도 도전하고 싶고 싶었으나 마음과는 반대로 몸이 말을 듣지 않았다.

누가 나를 반장으로 표를 주겠냐는 자조 속에 더 위축되어 버렸던 것이다. 꾸어다 놓은 보릿자루 같은 무존재감이 쭈욱 이어졌다.

중학교 시절이었다. 내가 시험을 잘 쳐서 공부 잘하는 학생으로 관심을 받기 시작했다. 그런데 친구들로부터 "설마 니가?"라는 말을 들어야 했다. 요즘 말로 "이거 실화냐?"라는 비아냥이었다. 속상했지만 결국은 내 스스로 만든 프레임이었다.

평소 나의 가치를 다 보여주지 못한 건 사실이었다. '그게 다 발표력이 문제였어.'라고 지금도 되뇌곤 한다. 지금은 교사로서 말을 하고 먹고 사는 직종에 종사하고 있지 않은가? 오늘의 내가 학부모 앞에서, 동료들 앞에서, 학생들 앞에서 당당하게 발표를 할 수 있는 건 오직 내 의지와 노력 덕분이었다.

학창시절 나의 발표력의 부족은 무엇 때문이었을까? 곰곰이 따져보면 가정환경 탓이었다.

가정에서의 절대권력 '아버지' 앞에서는 아내도 자식들도 의견이 필요 없었다. 아버지로부터 매번 '쓸데없는 소리'라고 듣기 일쑤였다. 아버지가 하는 대로 말없이 따라가야 가정이 평온했고, 아버지는 가난한 가정을 지켜야 한다는 생각만 있었지 구성원의 생각이 무엇인지에 대한 관심조차 없었다. 어둡고 억압된 환경 속에서 우리 가족 모두는 자신의 생각을 숨겨야 했고, 남 앞에 서는 자신감과 용기는 가치조차 느낄 수 없었다.

요즘은 대부분의 가정에서 자녀를 밝고 활동적으로 키우기 위해 갖은 애를 쓰고 있지 않은가? 그럼에도 불구하고 학급에는 항상 발표에 자신이 없거나 무관심한 아이들이 다수 존재하고 있다는 건 어떻게 설명해야 할까? 가정환경뿐 아니라 개인 취향 등 복합적 요인이 있을 것이다. 나는 '발표는 심리'라는 생각으로 수업시간 상호작용에 적극적으로 참여할 수 있도록 여러 가지 당근책을 쓰곤 한다. 요즘은 특히 상호작용 수업활동이 많기 때문에 발표나 표현이 매우 중요해졌다. 그리고 '발표와 표현'은 학생 자신의 배움과 성장을 가져오는 소중한 기회가 된다. 그런 기회를 놓친다면 지난날의 나처럼 얼마나 후회할 일인가?

심리적으로 더 자유분방한 저학년층은 발표에 적극적이어서 수업 진행이 수월하다. 저학년일수록 '틀리고 맞고'를 따지지 않고 친구들이나 선생님 앞에서 표현하고 싶은 의욕을 마구 방출하는 것이다.

그런데 학년이 올라갈수록 발표에 무덤덤해지기 시작한다. 자아가 발달할수록 쑥스러움이 강해지는 이유가 있겠지만, 발표에 자신감을 잃어가는 이유가 더 많은 것 같다. '틀리면 쪽팔려.' 이런 식이다. 이런 무기력이 사춘기가 되면 '귀차니즘'이 되어 짝이나 모둠원 간에도 말문을 잘 열지 않으려고 한다.

그러나 고학년 아이들 중에서도 발표시간을 기다리며 적극적으로 참여하는 의욕적인 아이들이 있다. 그런 아이들에게 나는 '발표짱'이라고 이름을 붙여주곤 한다.

'발표짱'을 만들기 위해서는 생활 속에서 대화할 때 부모가 고려했으면 하는 두 가지가 있다.

첫째, 두려움을 없애야 한다. 그러려면 틀린 말이라도 일단 적극적으로 수용해 주어야 한다. 즉, 격한 호응이 필요하다. 고개 끄덕임, 눈 맞춤, 박수 등 말보다 몸으로 먼저 신호를 보내주는 일이다.

둘째, 칭찬해 주어야 한다. 아이들은 칭찬받고 싶은 욕구가 어른보다 훨씬 강하다. 그래서 늘 칭찬거리를 떠올려 말해 주어야 한다. 그리고 그냥 '잘 했다.'가 아니라 '~해서 ~하다.'라고 이유를 덧붙여 준다. 예를 들면 이런 식이다. '네 생각을 분명하게 말해주어서 이해가 잘 되는구나.', '네 목소리가 씩씩해서 듣기 좋구나.' 등.

위의 두 가지, 두려움 없애기, 칭찬해주기만이라도 생활 속에서 반복해 주면 아이는 발표에 대한 동기를 크게 작동하게 된다. 발표 동기가 생기면 '발표짱'은 쉬워진다.

일단 '발표짱'이 되면 '발표짱짱'에 도전하기도 쉽다. 책 읽기나 체험, 생각놀이를 자주 접하며 사고의 역량까지도 갖추었다면 나는 그 아이에게 '발표짱짱'이라는 칭호를 붙여주곤 한다. '발표짱짱'은 주어진 원고가 아니라 내 머릿속의 원고로 상황에 적절하게 말을 뱉을 수 있다. 일단 '발표짱'이 되면 그 자신감으로 '발표짱짱'까지 쉽게 도전할 수 있다.

'발표짱'이든 '발표짱짱'이든 발표가 자신 있는 아이들은 친구들과의 관계도 원만해진다. 자신이 행복해지기 때문이다.

그래서 나는 행복교실을 꿈꾸면서 모든 아이가 '발표짱'에 도전할 수 있는 기회를 주려고 노력하고 있다. 실제로 그런 과정에서 발표력이 쑥쑥 자라는 아이들의 모습을 보게 된다. 내 아이가 학교에서 행복해지는 비결 '발표짱'이 될 수 있도록 가정에서도 많은 기회를 만들어 주어야 하는 건 당연하다.

오늘 당장 내 아이에게 자신 있게 말할 기회를!

"짱아! 오늘 학교에서 재미있었던 일 말해 볼래?"

거울

우리 집에서
제일 맑은 얼굴

하지만 내가 그 앞에 서면
제일 지저분한 얼굴

아무리 닦고 닦아도
흔들흔들
내 약만 올리는 거울

'아차! 세수 좀 해야겠네'

다시 거울 앞에 섰을 때
"우와! 진짜 멋쟁이네"

아빠의 목소리
엄마의 목소리
아니, 누나의 목소리까지
흉내를 내고 있다. 거울이

—동시집 『혼자가 아니야』 중에서

"선생님, 토의와 토론은 어떻게 달라요?"

4학년의 한 아이가 질문했다. 토의·토론이라는 표현을 많이 들었던 터라 둘은 비슷한 것도 같고 다른 것도 같다고 했다. 맞는 말이다. 둘 이상이 서로 의견을 주고받는 말하기라는 점에서는 같다. 하지만 다른 점도 있다.

토의는 어떤 문제에 대해 서로 의견을 주고받는 대화 수준이기 때문에 초등학교 1학년도 가능한 활동이다.

반면에 토론은 일정한 절차를 가지고 논리적인 주장과 반론이 따르기 때문에 교육과정상 토론수업은 4~5학년부터 시작하는 편이다.

관심 있는 부모라면 자기 의견이 분명하고 논리적인 아이로 만들기 위해 토론학습이 중요하고 필요하다는 걸 공감하고 있다. 공감은 하고 있지만, 가정에서 어찌해볼 수가 없다는 생각들이 많은 것 같다.

이러다 보니 부모는 우선 사교육을 떠올리기 쉽다. 실제로 독서토론, 논술토론, 융합토론, 수학토론, 가치토론 등 이름도 다양한 토론들이 많이 알려져 있다. 초등학생에게도 영어토론까지 불이 붙고 있다고 한다.

토론은 본래의 취지가 올바른 가치 형성과 의사소통 향상을 위한 것이다. 그런데 갈수록 사교육 힘을 빌리며 과열 경쟁으로 이어진다. 어릴 때부터 기술적인 면에 너무 치중하는 교육은 부작용이 생긴다. 본래의 목적인 의사소통에 집중하며 인성교육과 함께 이루어지는 것이 초등의 토론교육 취지에 부합하는 것이다. 무엇이든 성급한 결과를 기대하는 교육은 아이들의 몸과 마음을 망가뜨린다.

그래서 토론도 조금 멀리 내다보고 더 현명한 방법을 찾아보아야 한다.

그 방법의 하나가 가정교육에서 출발하는 것이다. 처음부터 어렵게 접근하기보다는 생활 속에서 천천히, 조금씩 익숙하게 만들어 가는 것이다. 토론교육의 중요성에 공감하는 부모라면 충분히 가정에서 먼저 토론교육을 시작할 수 있다. 아무리 어려도 생활 속에서 천천히 논리성을 터득해 가는 것이 가능하기 때문이다. '왜?'라는 질문과 그에 맞는 대답을 주고받는 데서부터 시작하면 되는 것이다.

"엄마, 밥 주세요."

"왜?"

"배고파요."

"배가 고파서 밥을 먹고 싶구나."

이처럼 원인과 결과가 있는 의사소통을 습관화하다 보면 어릴 때부터 분명한 의사소통이 가능해지는 것이다.

나의 오랜 교사경험을 되돌아보면 초등1학년도 논리적인 말하기 훈련이 충분히 가능했다. 어떤 사실을 말할 때 '~입니다. 왜냐하면 ~이기 때문입니다.'를 기본적으로 강조해서 쭈욱 지도하다 보면 1학년

마칠 때쯤 저절로 습관화된 말을 들을 수 있었다. 예를 들면 이러하다.

"선생님, 받아쓰기 연습을 못했어요. 왜냐하면요, 엄마가 늦게 왔기 때문이에요."

말하기의 사고가 좀 더 진화된 5학년의 경우는 논리적인 의사소통으로 친구를 설득하는 능력까지 발휘하는 걸 보았다.

"얘들아, 우리 뭐하고 놀까?"

"난 보드게임 하고 싶어."

"아니야, 난 공놀이하고 싶어."

"나도 오늘은 교실에서 보드게임 하는 게 좋겠어. 좋아하는 게 다르니까 한 가지씩 돌아가면서 놀면 좋겠어. 어때?"

"그래도 공놀이를 재미있어하는 아이들이 더 많을걸?"

대화를 가만히 들여다보니 한동안 서로 의견을 주고받으며 토론이 시작되는 것이었다. 결국은 다수결로 결정하여 모두가 수용하는 놀이를 했다.

이렇게 자신의 의견을 말할 때 근거와 함께 상대방을 설득하고자 하는 의지가 엿보이는 대화를 하고 있었다. 이런 그룹의 아이들은 거의 다툼이 없는 것이 특징이었다. 이런 경우를 보면 토의·토론교육은 지식공부라기보다 인성교육인 셈이다.

인성교육의 대표적인 사례를 가진 아이가 있었다. 우리 반에서 인기가 제일 많은 건호였다. 평범한 가정의 건호는 위로 형, 누나를 둔 막둥이였지만 의젓한 아이였다. 건호가 친구들에게 인기가 많은 이유가 있었다. 건호와 함께 놀면 더 재미있다는 것이었다. 문제가 생겨도 싸우지 않고 잘 해결해 주는 역할을 한다고 했다. 모둠활동에서도 건호가 있는 모둠에서는 항상 결과가 좋았다. 말을 조리 있게 잘하는 건호 덕분에 모둠원들이 집중해서 이야기를 나눌 수 있고 내용 정리도 잘 할 수 있다는 것이었다.

건호를 자세히 관찰해 보니 근본적으로 건호는 다른 아이들과 토론식 의견을 나누는 것이 자주 보였다. 문제를 논리적이고 올바른 판단과 결정으로 해결하는 능력이 있었다. 그 덕분에 쉬는 시간이나 공부시간에 자연스레 친구들의 리더가 되어 지내고 있었다. 그래서 나는 건호에게 '토론짱'이라고 이름을 붙여 주었다.

학부모 상담시간에 건호 부모에게 건호의 그런 점을 칭찬했더니, 건호 아빠의 끈질긴 교육 덕분이라며 그 사례를 들려주었다.

건호는 유치원 다닐 때까지 떼를 많이 쓰고 고집도 많아 힘들었다. 그런 건호를 설득하기 위해 엄마보다 아빠가 나섰다. 건호가 초등학교 입학을 하면서부터 건호 의견을 중심으로 가족회의를 자주 했다. 소위 미니 토론을 한 것이다. 주말에 나들이를 자주 가는 편이었는데, 나들이 장소 정할 때 건호 이야기부터 들어보기로 했다. 항상 이유를 두 가지 이상 들도록 규칙을 정했다. 규칙을 잘 따라 미니토론에 끝까지 잘 참여하면 건호의 소원을 한 가지씩 들어주었다.

그 후로 건호가 고집을 피우는 일이 있을 때마다 가족회의를 해서 의견을 나누어 해결하려고 했다. 4학년이 시작되면서 스마트폰을 사달라는 건호 때문에 '건호에게 스마트폰이 필요한가?'라는 주제로 가족토론을 했다. 부모는 5학년부터 사주리라 마음먹었기 때문에 절대 건호에게 밀리지 않으려고 마음먹고 토론을 시작했다. 건호는 나름대로 많은

근거를 내세우며 스마트폰이 필요하다는 걸 입증하려고 했다. 그래서 두 시간 이상 시간을 끌게 되어 학교숙제도 못해 간 적이 있었다. 결국 서로 조금씩 양보하여 건호의 스마트폰은 4학년 겨울방학 때 구입하기로 결정했고, 건호는 가족의 결정에 순순히 따랐다.

건호는 항상 부모에게 자신의 요구를 말할 때 부모를 설득하는 자료를 가지고 나타난다. 그런 진지한 모습이 기특할 때가 많다. 친구들과 사이좋게 지낼 수 있는 힘은 억지를 부리지 않고 친구들을 잘 설득하는 데 있는 것 같다.

건호 엄마의 말이 나에게도 신선한 충격을 주었다. 토론을 하는 목적이 언어능력 자체가 아니라 삶을 지혜롭게 바르게 살아가기 위한 소중한 수단임을 느끼게 해주었다.

직업인이나 전문가에겐 상대방을 제압하기 위해 능수능란하게 말을 잘하는 것이 중요하다. 그러나 초등학생에겐 건호처럼 민주적인 절차로 원인과 결과가 있는 대화를 할 수 있는 기초를 다져주는 것만으로도 큰 성과라고 생각한다. 또한, 올바른 가치 형성과 의사소통 향상이라는 목적 달성을 위해서는 아이의 생활 속에서 토의·토론을 시작해 보는 것이 사교육보다 효과적일 것이라고 믿는다.

오늘부터 내 아이도 생활 속 대화를 통해 '토론짱'으로 만들어보는 것은 어떨까?

무밭

텃밭에 나가
흙 속에서 동글동글 놀다가

어느새 초록 머리칼 풀고
나타났다.

바람이 산들산들
머릴 감겨주고

햇살이 달려와
빗질하더니

이랑마다
굵은 알통으로 솟아올랐다.

텃밭은
너무 든든하다며
푸릇푸릇 웃고 있다.

−동시집 『혼자가 아니야』 중에서

Part 7

글쓰기
- 삶을 이야기하는
내 아이

삶이 있는 글쓰기란?

> 삶이 있는 글쓰기는
> 내 이야기를 쉽고 편안하게 쓰는 거예요

아이에게는 아이의 삶이 있다. 보통 삶이라고 하면 어른 입장에서만 바라보기 쉽다.

5학년 국어 교과 '인물의 삶 속으로'라는 단원을 시작하면서 '삶'이라는 개념을 이해시키고자 질문을 던졌다.

"얘들아, 삶이 뭘까?"

"나, 알아요. 삶은 달걀이잖아요."

"아니, 너 어디서 그걸 들어버렸지? 천기누설을! 하하하."

진지하게 생각하고 있던 아이들이 까르르 웃어대었다. 장난이 발동하는 아이들이 너나없이 중구난방으로 삶은 달걀 이야기를 터뜨리기 시작했다.

"나는 삶은 달걀 싫어하는데."

"삶은 계란 먹고 트림해 본 적 있어요."

"어휴, 지독한 냄새."

"아, 배고프다. 삶은 달걀 먹고 싶어요."

아이들의 소란을 잠재우느라 애를 먹었다. 어쨌거나 '삶'은 공부하는 것, 트림하는 것, 배고픈 것, 냄새 맡는 것 등 태어나서 사는 일이라고 일러주고는 말이 나온 김에 질문을 계속 이어갔다.

"그럼, 주어로서 삶, 서술어로서 달걀의 '삶은 달걀이다'라고 한다면 이 말을 어떻게 해석하면 좋을까?"

아이들이 순간 갸우뚱거리기 시작했다. 삶이 무엇인지 생각하는 고민부터 시작되었다. 한 아이가 불쑥 손을 들었다.

"선생님, 사는 일이 달걀처럼 불안하다는 뜻으로 해석하면 될 것 같아요."

연이어 다른 아이가 손을 들었다.

"닭이 알을 품는 것처럼 사는 것도 잘 품어주어야 한다는 뜻인 것 같아요."

아이들의 입에서 나온 의외의 해석들이 재미있었다.

"맞아요. 삶은 불안하기도 하고, 품어 주는 것이기도 하지요. 삶은 다양한 모습일 수 있어요. 여기 교과서에 나와 있는 위인들의 삶이 있듯이 여러분들의 삶도 12살까지 살아온 과거의 삶이 있고, 현재의 삶, 미래의 삶이 있지요. 여러분의 삶도 위인의 삶처럼 소중한 가치가 있어요."

아이가 살아가며 겪는 삶의 이야기를 글 속에 담아내는 것을 여기서는 '삶이 있는 글쓰기'라고 말하고자 한다. 글을 쓰면서 삶을 가꾸어갈 수 있기 때문에 평생 참교육을 실천하신 이오덕 선생님은 '삶을 가꾸는 글쓰기'라고도 했다. 그럼, 삶을 가꾸어주는 글쓰기의 좋은 점이 무엇일까? 이하 이오덕 선생님의 의견을 빌려서 전하고자 한다.

첫째, 마음이 풍성해질 수 있다. 비록 아이의 세계이지만 자라면서 키워야 할 삶의 크기는 어마어마하게 달라질 수 있지 않은가?

둘째, 마음이 따뜻한 사람으로 성장할 수 있다. 내 이야기를 쓰다 보면 남의 이야기에 대한 공감이 확장되어서 배려심이 생길 수밖에 없다.

셋째, 내 삶의 소중함을 체득할 수 있다. 내 이야기를 내가 누군가 읽을 수 있다고 생각하면 자신의 행위가 예사롭지 않음을 무의식으로 느끼게 된다. 그래서 잊고 살던 자기정체성에 대한 확인도 가능해진다.

넷째, 비판적 사고 작용이 활발해진다. 삶의 옳고 그른 방향에 대해 스스로 판단하는 능력이 생긴다. 책을 많이 읽는 것도 도움이 되지만 글을 쓰면서 더 활발한 사고 작용이 일어난다.

다섯째, 자신의 삶을 피드백할 수 있다. 무심코 한 행동이 글을 쓰면서 되새김을 하다 보면 새로운 의미를 발견해 내는 경우가 많다. 잘잘못에 대한 반성은 물론 자기 희열을 느끼게 된다.

이렇게 삶을 가꾸는 글쓰기의 좋은 점은 많다. 이런 좋은 글쓰기가 아이들에게 외면 받는 현실은 그만큼 아이들의 삶이 각박하고 단순하다는 증거라고 생각한다.

이제부터라도 아이들이 일기 쓰기, 독서록 쓰기, 시 쓰기, 편지글 쓰기 등 다양한 종류의 그릇에 자신의 이야기를 담아낼 수 있도록 어른들은 도와주어야 한다. 특히 부모로서 도움을 주고자 하면 다음의 3가지를 기억하면 좋겠다.

첫째, 경험이 곧 글이다. 많은 경험을 하도록 도와주어야 한다. 어려움을 많이 겪을수록 생각도 깊어진다.

둘째, 마땅히 가져야 할 생각을 담아내야 한다. 생각은 글의 생명이다. 경험에 생각이 담겨있지 않으면 글은 껍데기에 불과하다.

셋째, 자신의 이야기를 담아야 한다. 그것이 생명이 있는 좋은 글이다. 아무리 하찮은 경험이라도 자신의 이야기가 소중한 것이다. 거짓으로 꾸미는 이야기는 감동이 없다.

마지막으로, 삶을 이야기하는 글쓰기는 어렵게 쓰는 것이 아니다. 쉽고 편안하게 자기 이야기를 쓰다 보면 감동이 찾아온다. 그 감동을 자신도 느끼고 남도 느낄 수 있다면 그게 삶을 가꾸어주는 보약과 같은 것이다.

오늘부터 내 아이가 오늘을 사는 이야기를 소중한 글로 담아보도록 일기장부터 꺼내보도록 하면 어떨까?

"아들, 마음을 살찌우는 보약을 매일 한 첩씩 지어먹지 않을래?"

글쓰기는 한 줄이라도 돼요. 호기심과 재미를 붙여주세요

"선생님, 1학년인데 시를 쓸 수 있을까요?"

옆 반 선생님의 질문이었다.

학년 말 학교문집 발간에 우리 반은 시 작품으로 참여하겠다고 했더니 의아해했던 것이다.

"네, 가능해요."

1학년인 만큼 '한 줄 쓰기' 중심으로 아이들의 기초 작문 지도를 하고 있었던 터였다.

평소 우리말 익히기를 위한 받아쓰기 연습을 많이 하다 보니 그것만 되풀이하기엔 뭔가 재미가 없다는 생각이 들었다. 새로운 낱말 하나를 알고 나면, 그 낱말을 넣어 말을 만드는 말짓기놀이를 해 왔던 것이다.

예를 들어 '우리 집' 글자를 익혔으면 그 말을 넣어서 말을 지어보라고 했다.

"우리 집은 좋아요."

"우리 집은 아파트입니다."

"우리 집은 엄마와 아빠와 내가 살아요."

릴레이식으로도 해보고 팀으로도 해보았다.

주어와 서술어의 기본 문장이 갖추어진 2학기부터는 꾸며주는 말을 넣는 놀이를 했다.

예를 들어, '달린다' 글자를 익혔으면 '자동차가 빨리 달린다'로 고쳐보기를 한 것이다.

받아쓰기 공부를 할 때마다 이렇게 말짓기놀이를 포함시켰는데, 가만히 관찰을 해보니 아이들의 말은 바로 경험 그 자체였다.

경험하지 않으면 말이 되어 나오기가 어려웠다. 그래서 말을 잘 사용하려면 경험이 삶 속에 녹아 있어야 함을 확인할 수 있었다.

말놀이를 통해 다져진 문장 만들기를 몇 개월 후부터는 글로 옮기기 시작했다. 다시 말해 글짓기를 했다는 것이다. 글자의 철자가 틀리고 띄어쓰기가 완벽하지 않아도 상관없다고 했다. 일단 한 줄 글로 지어보게 하여 자신감부터 주려고 했다.

마침 교실 창밖에 잠자리가 떼 지어 날고 있어서 '잠자리'를 보면서 생각이 떠오르는 걸 적어보라고 했다.

'잠자리가 빙빙 나라다닌다.'
'잠자리는 뻥글뻥글 돈다.'

(※ 원문 표기대로 옮김)

다음 단계에서는 자신의 생각을 넣어서 두 줄 글로 만들기를 시도했다.

'잠자리는 빙빙 나라다닌다. 나도 나라다니고 십다.'
'잠자리는 뻥글뻥글 돈다. 잠자리는 으지럽다.'

(※ 원문 표기대로 옮김)

이런 식으로 차근차근 글쓰기가 시작되었는데, 철자나 맞춤법이 틀려도 솔직한 생각은 끄집어낼 줄 알았다. 흙을 밀고 막 돋아나는 새싹들처럼 솟아나는 생각들을 끄집어내는 아이들의 모습이 예쁘고 귀여웠다. 잘한다, 잘한다, 칭찬을 퍼붓다시피 하니 쉬는 시간에도 글을 써서 들고 오는 아이들이 생겨났다. "선생님, 시 썼어요."라며 건네기도 했다. 아이들이라 한 명이 칭찬받으면 '줄줄이 사탕'으로 따라 했다. 이런 열정 덕분에 우리 반 23명 아이들 모두의 아동시가 계획한 대로 문집에 촘촘히 실릴 수 있었다.

이 자리에 그때 실린 시를 두 편만 소개하겠다.

잠자리_혜리(1학년 여)

공부시간에/잠자리가 휙휙 날아와/돌고 돌다가/창문으로 나간다.//어느 반으로 갈까?/생각해보니 옥상이다.

물총놀이_소연(1학년 여)

물 가득 든 물총을 들고/ 와! 신났다.//쏘고 또 쏘고/맞고 또 맞고//자꾸 하고 싶었다.

(※행과 연, 틀린 철자는 문집 원문대로 수정하였음)

시처럼 일기도, 독서감상문도 한 줄 쓰기부터 시작할 수 있다. 한 알의 씨앗에서 줄기가 자라고 잎이 돋아나서 꽃이 피는 원리와 같다. 특히 일기나 독서감상문 쓰기는 집에서도 가꿀 수 있는 화초와 같다.

1학년은 일기를 처음엔 그림 중심으로 쓰기 시작해서 2학기부턴 10칸 공책에 한 바닥 정도 쓸 수 있는 아이로 성장한다. 겪은 일이 많아서 더 쓸 수도 있지만, 손힘이 약해서 그냥 한 바닥으로 끝내곤 한다.

"일기는 그렇다 치더라도 독서감상문이라니! 1학년이 어떻게 독서 감상문을 적어?"

이 글을 읽는 부모들은 대부분 그렇게 궁금해할 것 같다. 그러나 독서감상도 특별하지 않다. 1학년은 한 줄부터 쓰면 된다. 한 권의 그림책을 다 보고 나면 아이에게 질문을 던져본다.

"재미있었어?"

"네."

"뭐가 재미있었어?"

"나무가 '엣끼놈'하는 거요."

"그럼 '뭐가 어떻게 해서 재미있었다.'라고 이어볼까?"

"나무가 '엣끼놈'해서 재미있었다."

"큰 나무가 '엣끼놈'하는 것이 재미있었다."

이런 식으로 문장의 얼개를 만들 수 있는 것이다. 처음엔 제일 재미있었던 점을 떠올리게 하여 한 줄 생각부터 적기 시작하다 보면 두 줄, 세 줄… 늘어나서 독서감상문이라는 모습을 갖출 수 있다.

첫술에 배부르지 않다고 하지 않는가?

막막하기만 했던 글쓰기도 한 줄부터 천천히 더듬어가다 보면 보이지 않던 불빛이 보이고, 누군가 손을 잡아주는 듯 생각들이 고구마 줄기처럼 뽑혀 나올 것이다.

이처럼 글쓰기에 입문할 때 호기심과 재미를 붙여주면 큰 걱정 안

해도 글쓰기 기본은 할 수 있는 아이가 된다. 단, 아이가 생활 속에서 겪은 이야기들을 그때그때 놓치지 않도록 분위기를 조성해주는 것이 필수다. 이런 분위기는 학교보다 가정에서 더 효과가 있을 것이라고 생각한다.

글은 경험이 깊어갈수록, 학년이 올라갈수록 풍성해진다. 글은 삶을 담아야 한다고 했듯이 아이 나름 삶의 폭이 늘어나면 자연스레 쓰고 싶은 게 많아진다. 쓰고 싶은 게 많은 아이는 글쓰기를 즐기는 아이가 될 수 있다. 꼭 작가가 되기 위해서가 아니라 자신 삶의 주인공으로서 누구보다 풍성한 삶을 살기 위해서다. 여건이 허락한다면 부모와 함께 글쓰기를 시작해 보면 어떨까?

흔히 '시'라고 하면 어린이들이 읽기 어려운 성인을 대상으로 한 짧은 글로 생각하기 쉽다. "어린이가 읽는 시는 '동시'가 아닌가?"라고 반문할지 모르겠다. 참교육 실천 운동, 우리말 바로 쓰기, 어린이 문학비평가의 큰 스승이신 이오덕 선생님은 이렇게 표현하였다.

시란 '마음의 소리, 자연이나 인간의 삶에서 얻은 감동을 짧게 나타낸 글, 사람의 마음을 울려놓거나 놀라움을 주거나, 새로운 것을 발견하게 하거나 높은 곳으로 아이의 마음을 끌어올려 주는 짧은 글, 참 그렇구나! 하고 느끼는 것'이다.

이오덕 선생님은 일부러 '동시'라고 구분하지 않고 어린이에게도 일반적인 '시'라는 개념으로 받아들였다는 것을 알 수 있다. 아이는 아이만의 독립된 세계에 놓여 있기 때문에 굳이 '동童'을 첨가할 필요가 없다는 의도가 깔려 있다. 실제로 아이들이 배우는 초등국어 교과서에도 '동시'라는 말 대신에 '시'라는 용어로 통일되어 있다. 단지 문단에서 어른 작가가 어린이를 위해 쓴 시를 '동시'라고 지칭하며 성인시와 구별해 표현하고 있을 뿐이다.

그럼, 아이에게 시 쓰기는 왜 필요할까? 공부하기에 바쁜 세상에 시가 뭐 중요하다고? 잠시 생각을 돌려보기로 하자.

골목길을 바쁘게 오가는 어른들에겐 빈틈을 비집고 올라오는 노란 민들레가 보일 리 만무하다. 느릿느릿 걸어가는 아이 눈에는 민들레도 보이고 그 옆을 지나가는 콩벌레도 보이는 법이다.

그런데 언젠가부터 쪼그리고 앉아서 민들레를 들여다보고 콩벌레도 만져보던 아이들이 다 사라진 것 같다. 아이들도 어른들만큼이나 바쁘다. 가방을 거꾸로 메고 내달릴 정도로 서두른다. 주변 사물에 마음을 둘 여유가 없어진 것이다. 공부에 쫓기느라 시간까지도 쫓긴다. 그럴수록 정작 공부시간엔 마음을 공부에 두지 못하고 허하게 다른 데 두느라 산만하기 짝이 없다. 왜 그럴까? 이런 아이들에게 마음의 쉼표가 필요한 것이다. 적극적으로 사물과 소통하며 자신을 돌아볼 기회로 시 쓰기만큼 좋은 것은 없다고 생각한다. 시 쓰기는 아이의 마음을 성장시키는 촉진제가 될 수 있기 때문이다.

이오덕 선생님은 아이들이 시를 쓰는 목적을 이렇게 말했다.

첫째, 우리가 일상으로 살아가면서 비뚤어지고 오염된 마음을 바르고 깨끗하게 하고, 사람의 정신을 한층 더 높은 경지로 드높여준다.

둘째, 사물이나 어떤 현상의 참된 모습을 아주 짧은 순간에 느끼어 사물의 본질을 붙잡을 수 있게 해 준다.

셋째, 참된 삶을 깨달아 알게 하고 사람다운 삶의 태도를 갖게 해 준다.

넷째, 자신의 느낌과 생각을 표현하고 싶은 마음을 갖게 해 준다.

이러한 목적을 위해 아이의 시는 아이의 삶을 이야기하는 시가 되어야 한다. 어른을 흉내 낸 시로 남에게 멋지게 보이기 위한 시는 쓸 필요가 없는 것이다. 머리로 쓰지 않고 가슴으로 쓰는 시여야 한다는 말이다. 그래야 정서적 충만함과 행복감을 줄 수 있다.

그렇다면 시를 쓰기 위해 연필부터 들면 될까? 그렇다. 느낌이 있고 영감이 떠오르면 즉시 연필을 쥐고 쑥쑥 써 보는 것이다. 그러면 그 영감은 어떻게 오는 것일까? 평소 몸과 마음의 감각을 키우는 일이 필요하다.

그러기 위해선 평소 생활 속에서 아래 세 가지에 관심을 기울여보자.

1. 사물을 잘 보고 살핀다. (자세히)
2. 잘 살피려면 서둘러서는 안 된다. (천천히)
3. 관심과 애정을 어디에 두는가가 중요하다. (마음두기)

이 세 가지는 아이들이 시 쓰기 요령보다는 사물에 대한 감각을 먼저 살려야 한다는 점을 강조한 것이다. 이오덕 선생님도 사물에 대해서 자세히, 천천히, 마음을 두고 살핀다면 사물에 대한 감각의 문은 활짝 열릴 것이라고 강조했다. 그것만으로도 시 쓰기 절반은 이루어진 것이라고 보면 된다.

그래서 시를 잘 쓰려고 하면 사물과 친구가 된다는 목적이 우선이라고 말할 수 있다. 친구 대하듯 친근하고 편안해야 쉽게 연필을 들수 있고 시가 잘 써지기 때문이다.

이제는 아이가 좋은 시 쓰기를 위한 다섯 가지를 소개해 본다.
첫째, 실제 경험이나 자세한 생각에서 느끼는 감정을 써야 한다.
예를 들어, '꽃'을 글감으로 쓰고자 하면, 그냥 '꽃'이 아니라, '길가에

핀 노란 민들레 꽃'이어야 한다는 것이다. 또 '엄마'를 글감으로 쓰고자 한다면, 그냥 '엄마'가 아니라, '숙제 안 했다고 나를 혼낸 무서운 엄마'라야 한다는 의미다.

둘째, 나만이 쓸 수 있는 시를 써야 한다. 다른 사람의 작품을 보고 흉내 내어 쓰거나 억지로 꾸미지 말아야 한다. 특히 노랫말에 많이 나오는 내용, 예를 들어 보름달을 '쟁반같이 둥근 달'처럼 표현하면 자기표현이 아닌 것이다. 자기 목소리와 말로 쓸 때 자기만의 느낌이 나타나는 시가 되고, 시를 쓴 자신도 성취감으로 더 뿌듯해진다.

셋째, 꼭 필요한 말만 써야 한다. 처음에는 떠오르는 대로 쓰는 게 옳지만 두 번, 세 번 고치기 할 때는 다듬어야 한다. 말이 길게 튀어 나온 것은 가지를 과감하게 친다. 뜻을 살리는 데 필요하지 않는 말은 줄이거나 없애버린다. 예를 들어, '하늘이 눈물을 흘리고 있는 것 같다.'를 '눈물 흘리는 하늘'로 줄일 수 있는 것이다.

넷째, 시어詩語는 어린이답고 쉬운 말로 써야 한다. 어른들이 쓰는 말이나 어려운 단어는 눈살을 찌푸리게 한다. 말재주를 부리려고 애를 쓰면 안 된다는 점이다. 특히 고학년이 그럴 가능성이 높다. 예를 들어, '하늘로 용솟음치는 물줄기', '쓸쓸한 나뭇잎의 이별', '봄의 전령사'와 같은 표현들이다. 쉽게 읽히고 자연스럽게 느껴지는 시가 좋은 시이며 쓰는 이의 입장에서도 마음이 편안해진다.

다섯째, 줄(행)과 연은 내용과 생각, 감정을 또렷이 느낄 수 있도록 나눈다. 줄(행)과 연은 시 쓰는 아이가 나누고 싶은 대로 나누면 되지만 꼭 나누어야 하는 것도 아니다. 그러나 내용이나 생각의 덩어리를 구분할 필요가 있다고 생각되면 시의 느낌이 잘 전달되도록 줄과 연으로 나눈다. 특히 줄은 길다고 무조건 나누어버리는 것이 아니다. 강조할 낱말을 줄의 맨 앞쪽으로 당겨놓는 등, 말의 강약과 호흡에 따라 구분해서 줄을 나눈다. 그러나 제일 중요한 건 겉모습보다 내용이 더 중요하다는 점을 기억해야 한다.

이렇게 시 쓰기는 아름답고 의미 있는 일이지만 아이의 관심을 유도하지 못하면 무슨 소용이 있으랴. 생활 속에서 아이의 시 쓰기를 위해 누군가의 도움과 관심이 필요하다. 아이 스스로 시 쓰기에 흥미를 가지는 경우도 있으나 동기부여가 없으면 시작이 어렵기 때문이다. 그래서 내 아이가 시 쓰기에 자연스레 마음을 가질 수 있도록 다음과 같은 시도를 해보기를 권하고 싶다.

첫째, 가족과 함께 같은 글감으로 시 쓰기를 해 본다. 일주일 중 하루만이라도 거실 TV를 끄고 '가족 시 백일장'을 열어볼 수도 있다. 이색적으로 사색의 시간을 가족이 함께 공유해 보는 것이다.

둘째, 일상생활 속에서 사물과 소통하는 기회를 자주 가지도록 기회를 제공해 준다. 일부러 야외로 나가 자연과의 체험 시간을 가지면 좋다. 아니면 아이와 대화를 나누다가, 우연히 하늘을 보다가, 마트에서 시장을 보다가, 아이가 '아, 그렇지!'하는 순간을 포착할 수 있는 기회를 놓치지 않는 것이다. 순간 포착을 사진가가 사진으로 남기듯 시로 남길 수 있다. 언제 어디서나 백지와 연필만 있으면 가능한 게 다름 아닌 시 쓰기다.

'시작은 미미하나 결과는 창대하다.'는 말이 있듯이 이러한 시 쓰기를 통해 한결 성숙해지고 철학적인 아이의 모습을 발견할 것이다. 아마도 엄마, 아빠가 생각하지 못한 점까지 생각해내는 깜짝 놀랄 표현을 발견할지도 모른다. 어릴수록 뛰어난 통찰력과 직관력을 가지고 있기 때문이다. 아이는 아직 세상에 오염되지 않은 무한한 상상력이 재산인 것이다. 프랑스 대시인 윌리엄 워즈워스(William Wordsworth)는 시 〈무지개〉에서 이렇게 표현하지 않았는가?

'아이는 어른의 아버지'

아이의 그 순수함을 지켜 주어야 할 책임이 어른에게 있지 않을까?

아동시 감상 ① -6학년 남-

바다의 상처

시퍼런 바다에
누군가 돌멩이를 던진다.

돌멩이가 첨벙!
바다에게 깊은 상처를 준다.

그러나 바다의 상처는
아파할 겨를도 없이 잔잔해진다.

나의 마음의 상처도 바다의 상처처럼
그렇게 잔잔해진다면 얼마나 좋을까?

아동시 감상 ② -6학년 여-

연필 한 자루

친구들이 터질 듯이 꽉 찬
내 핑크 필통

북적대는 필통 안이
요란하다.

서로 누울 자리 잡느라
"이 자리가 내 자리야."
티격태격이다.

공부하는 나는
이렇게 서서 일하고 있는데

누워 노는 재들이
더 난리다.

초등학생이 고민하는 글쓰기 Tip

> 나만의 글로 쓰려면 나만의 삶을 들여다볼 줄 알아야 해요

글쓰기는 학생들에게만 필요한 게 아니다. 글쓰기는 누구에게나 기본 소양이다.

그런데 요즘은 전통적인 방식의 글로 소통을 잘 하지 않다 보니 어른들도 편지 한 장 쓰기가 버거운 세상이다. 디지털 세상에서 굳이 긴 장문의 글이 필요하지도 않으니 그다지 아쉬워하지 않는 분위기인 것 같다.

그럼에도 불구하고 글쓰기를 포기하지 말아야 할 이유는 글이 삶이고 삶이 글이기 때문이다.

'삶이 있는 글쓰기'에서도 말했듯이 글을 쓰면서 삶을 가꾸어갈 수 있다. 삶을 가꾸는 일에는 '생각'이 따라야 하기 때문이다.

특히 아이들은 글쓰기를 통해 생각이 폭풍 성장하는 기회를 맞이할 수 있다. 쓰기 때문에 생각이 일어나지 않을 수 없다. 겪은 일에 대한 자잘한 생각들이 모이면 풍요로운 삶을 위한 밑거름이 되는 것이다.

아이의 삶보다 아이의 성적에 관심이 높은 부모는 초등학교 1학년에 입학한 아이의 받아쓰기 점수에 관심이 더 높다. 아이도 부모만큼이나 받아쓰기 점수에 예민해진다. 자신의 받아쓰기 점수에 따라

부모님이 자신을 어떻게 대하는지 학습한 결과이기도 하다. 물론 저학년에는 우리말 쓰기 기초능력이 아주 중요하다.

하지만 그 못지않게 중요한 건 생각을 담는 글쓰기다. 철자가 틀리더라도 생각이 담긴 글은 감동을 준다. 아이의 삶이 담겨있기 때문이다. 그래서 받아쓰기도 중요하지만 글쓰기도 많이 해야 한다. 그런데 글쓰기에는 관심을 잘 가지지 않는 현실이 안타깝다. 물론 무엇을, 어떻게 지도해야 할지 막막한 점도 있을 것이다.

그래서 여기에서는 초등학생에게 가장 유용하면서도 일반적인 유형인 일기 쓰기와 독서감상문 쓰기에 대해 간단한 도움을 주고자 한다.

우선 일기쓰기다. 일기쓰기란 있었던 일을 단순히 나열하는 것으로 오인하는 경우가 많다. 그래서 학년은 올라가지만, 저학년 수준에 머물러 있는 일기를 많이 볼 수 있다. 일기 내용이 단순하고 무의미한 일의 나열로 채워지는 경우다. 무엇이 어려울까? 부모가 먼저 알고 나면 아이의 일기지도에 도움을 줄 수 있을 것이라고 생각한다.

일기 글감 고르기

부모나 아이들이 착각하기 쉬운 게 일기의 글감이 꼭 특별해야 한다는 것인데, 그렇지 않다. 고학년에 올라갈수록 겪은 일 자체보다 생각을 담는 내용이 중요하기 때문에 사소한 글감도 생각을 담는 고민부터 하면 된다.

예를 들어, '아침밥'이라고 하자. 아침밥을 맛있게 먹었는지, 그렇지 않았는지, 그 이유는 무엇이었는지 등 사건 중심의 일을 떠올린다. 고학년 정도라면 평소 아침밥을 거르는 일에 대한 성찰이나 아침밥 때문에 일어난 소동 등 자세한 소주제로 글을 쓸 수 있는 것이다.

그런데 생각보다 아이들이 글감 떠올리기를 아주 어려워한다는 점이다. 이럴 때 곁에 있는 엄마의 말 한마디가 불쏘시개 역할을 할 수 있다.

"엄마, 오늘은 재미있게 논 게 없어서 일기 쓸 게 없어요."

이런 경우, 엄마로서 어떻게 대응하면 좋을까?

"야, 그거야! '심심했던 일요일', 그런 제목으로 쓰면 되겠네."

아이는 겉으로는 입을 삐죽이지만, 속으로는 '아하!'할 것이다. 속상한 마음을 일기에 다 쓸 거라고 말이다. 이처럼 하루 중 즐겁고 신난 일 말고도 속상한 일, 짜증 난 일, 억울한 일, 신기한 일 등 자신의 감정을 되돌아볼 일이 얼마든지 있다. 일기는 자신의 마음을 솔직하게 드러낼 때 좋은 일기가 된다는 것을 알면 일기의 글감이 얼마든지 떠오를 수 있을 것이다.

일기의 표현

첫째, 일기에 제목을 붙이지 않아도 그만이지만 제목을 붙이는 습관을 들이는 게 좋다.

무릇 모든 글에는 제목이 있다. 제목은 글을 풀어가는 데도 도움이 된다. 제목은 글감을 그대로 옮겨도 되지만 조금 더 꾸며서 쓰면 돋보이는 글이 될 수 있다. 예를 들어, '숙제'가 글감이었다면 '숙제하기 싫은 날'이라고 하든지 '숙제는 미워'하든지 창의적인 작법이면 더 좋다.

둘째, 날짜는 꼭 기록해 두어야 한다. 일기란 '그 날'의 내 삶의 한

부분이니까. 훗날 들추어 보았을 때 '그 날'이 없다면 삶의 이야기가 실감 나게 읽히지도 않을 것이다.

셋째, 날씨를 기록할 때는 창의적인 표현이나 구체적인 표현을 살려본다. 예를 들어 '맑음'이면 '하늘이 맑아 기분 좋은 날', '흐림'이면 '내 마음같이 흐린 날'처럼 자신의 감정과 관련지어 보는 재미도 있다.

넷째, 나열이 아니라 한 가지를 자세히 쓴다. 하루에 겪은 일 중 인상적인 글감 하나를 정해서 자세히 쓰면 '일지'가 아니라 '일기'가 될 수 있는 것이다.

자세히 쓰려면 몇 문장 쓰고 나서 끝나지 않도록 '언제, 어디서, 누구와, 무엇을, 어떻게, 왜'라는 6가지 내용을 담아내야 한다. 여기서 '언제'는 '오늘'이라는 뜻은 아니다. 오늘 시점은 당연하다. 오늘 중에서도 수업시간인지, 점심시간인지, 하교할 때였는지, 자세히 생각해 보아야 한다. 그리고 여기서 가장 자세히 나타나야 할 부분은 '어떻게'이다.

예를 들어, 다친 일이 있었다면, 어디를 얼마만큼 다쳤는지, 다칠 때 기분이 어땠는지, 다치고 나서 어떤 행동을 했는지, 부모로부터 무슨 말을 들었는지, 다친 일 때문에 무엇이 걱정인지, 다치지 않으려면 노력해야 할 행동은 무엇인지를 떠올려보는 것이다.

다섯째, 중요하게 주고받은 대화를 옮기면 겪은 일을 실감 나게 표현하게 된다. 대화 글을 의도적으로 1회만 적용해도 훨씬 글의 구성이 돋보인다.

여섯째, 겪은 일에 대한 생각을 나타낼 때 다양한 표현을 고민한다. 보람 있었다, 즐거웠다, 설레었다, 찡했다, 사랑스러웠다, 놀라웠다, 우울했다, 창피스러웠다, 미웠다, 속상했다 등 어휘를 고민하는 그 자체가 생각공부다.

마지막으로, 끝맺음까지 다 썼을 때 되읽어 본다. 글의 퇴고는 생명이다. 물론 내 일기니까 오자, 탈자, 맞춤법 상관없다고 할지 모르지만 '나'를 위해서라도 성의를 다해 한 편의 글을 마무리한다는 마음이 필요하지 않을까? 일기도 퇴고가 필요하다는 말이다.

일기 감상 ① -1학년 여

2005년 12월 5일 월요일
날씨: 구름이 끼고 바람이 많이 불어 추웠다
제목: 수학시간
수학공부를 하고 있었다. 쉬운 문제도 있었지만 어려운 문제도 많았다. 그래서 신경을 써서 문제를 풀었다. 다 풀고 엄마한테 검사를 맡았다. '엄마, 나 100점일 것 같아요'하고 기대를 했다. 그런데 아니었다. 틀린 것도 많이 있었다. 그래서 틀린 것을 다시 고쳤다. 다시 검사를 받으러 갔는데 또 틀린 게 있었다. 짜증이 났다. 그렇지만 다시 고치고 검사를 받아보니 이제 100점이었다.
"어휴!"
너무 힘들었지만, 기분이 좋았다.

일기 감상 ② - 5학년 남

2002년 11월 19일 화요일

날씨: 해가 반짝반짝

준비물

2, 3교시에는 실과 시간이었다. 나는 깜빡하고 만들기 준비물을 챙겨가지 않아 "수업 준비물을 잘 챙겨오겠습니다."를 150번 써야 했다. 처음에는 막막했지만 희장이가 개발한 최신 발명품인 '두개연필'을 사용하게 되었다. 그 '두개연필'은 한 번에 두 번씩 쓰기 기술을 가지고 있었다. 나는 조금 힘들었지만 희망을 가지고 금방 해냈다. 빨리 다 쓰고는 남는 시간 책을 읽었는데 너무 재미있었다. 느긋하게 재미있는 책을 읽을 수 있으니 '실과준비물을 안 챙겨오길 잘 했네'라는 생각까지 들었다.

하지만 곧 벼락같은 선생님의 말씀이 떨어졌다.

"오늘 작품 안 만든 사람은 숙제로 해 가져와."

참 비극적이었다. 오늘은 준비물 때문에 롤러코스트를 타는 날이었다.

다음으로 독서감상문 쓰기다. 독서활동이 중요하다 보니 왕성한 독서활동과 맞물려 감상문을 남길 일도 많아졌다. 그런데 아이들은 독서감상문이라면 줄거리 요약 몇 줄과 생각 한두 줄 정도의 형식적인 기록으로 끝내려고 할 때가 많다. 그것은 독서록일 뿐 마음에서 우러나온 느낌과 생각을 담아낸 독서감상문은 아니다. 어떻게 하면 감상문다운 자신만의 글로 쓸 수 있을까?

독서감상문 내용

줄거리보다는 떠오른 생각과 느낌을 잡아채야 한다. 독서 감상문도 감상문의 형식으로 써야 한다. 책을 읽고 관련된 내용에 대한 생각과 느낌을 떠올려 나타낸 글이라는 점을 놓치는 경우가 많다. 그래서 독서감상문을 줄거리 쓰기나 요약으로 착각하는 경우가 많다. 줄거리를 꼭 적어야 할 이유는 없다. 오히려 생각과 느낌을 먼저 떠올리고 관련된 내용을 자연스레 소개한다면 더 새롭다. 감상문은 줄거리보다 생각과 느낌이 우선임을 기억하면 좋겠다. 그래야 자기 글이 된다.

독서감상문 표현

잡아챈 생각과 느낌은 자세하게 쓴다. 자세히 쓰기 위해서는 자기 삶이 바탕이 되어야 한다. 자기 삶과 관련하여 자세히 쓰기 위한 두 가지 방법을 소개하고자 한다.

첫째, 책을 읽고, 궁금한 점에 대한 질문을 만들어 본다. '내 짝꿍 최영대'를 예로 들어본다면,

1. 영대는 왜 놀림을 받았을까?

2. 영대는 왜 참았을까?

3. 영대는 진짜로 울지 않았을까?

4. 내가 영대라면 어떻게 했을까?

이러한 질문을 바탕으로 말하고 싶은 내용을 자연스레 연결하다 보면 생각이나 느낌을 의식하지 않고도 써지는 것이다.

둘째, 책 속 인물의 행동과 성격을 나의 행동과 견주어본다. 인물의 행동에서 잘했다고 생각한 점은 칭찬할 수 있고 잘못되었다고 생

각한 점은 비판할 수도 있다. 또 본받을 점은 무엇을 어떻게 본받고 싶은지 자세히 떠올린다.

예를 들어, 친구들의 놀림을 받는 영대가 참고 있는 모습을 보고 어떤 생각이 들었는지, 영대가 친구를 사귀게 되었을 때 어떤 생각이 들었는지, 내가 영대에게서 본받고 싶은 점은 무엇인지 솔직히 쓰면 되는 것이다.

이렇게 이상의 두 가지만이라도 적용해 보면 생각과 느낌 중심의 독서감상문이 완성될 수 있을 것이다.

독서감상문 형식

독서감상문은 여러 가지 형식으로 쓸 수 있다. 꼭 한 가지 형식만 고집하기보다는 책의 내용에 따라 형식을 선택해서 써 보면 쓸 때마다 새로움과 흥미를 줄 수 있다. 널리 쓰는 일반적인 산문 형식 말고도 초등학생이 다양하게 쓸 만한 형식이 또 있다.

1. 느낌글 : 일반적으로 널리 애용하는 형식이다. 독서뿐만 아니라 영화, 음악, 시사, 여행 등 다양한 영역에 대해 경험하면서 갖게 되는 느낌과 생각을 쓴 글이다. 이는 일반인들도 가장 보편적으로 접근하는 독서감상문 형식이라고도 할 수 있다.

2. 편지글 : 저학년 아이들도 쉽게 쓸 수 있다. 받는 대상이 책 속의 인물, 친구, 가족, 작가, 선생님 등 다양하게 정할 수 있다.

3. 일기글 : 책과 관련하여 일어난 일들, 생각과 느낌을 곁들여 쓰면 된다.

4. 소개하는 글 : 그림과 말을 넣은 광고형식을 해도 되고, 글로만 소개하는 내용이어도 된다. 읽은 책의 좋은 점, 강조할 점, 주인공의

인물 특성 등을 먼저 떠올려보면 쉽게 할 수 있다.

5. 만화 : 주요 장면을 6컷 내외로 떠올리는 게 좋다. 인물의 행동, 특성을 표현할 때 자기의 생각을 담아 재구성하면 창의적인 만화가 된다.

독서감상문 감상 ① - 3학년 남

미워하는 마음, 사랑하는 마음

- 『이툭』을 읽고

이 책은 그림 동화인데 내용이나 그림 모두 슬프고 우울하다. 이툭은 자기가 갑자기 사랑하던 개 타룩을 푸른 늑대가 죽이자 복수심에 불타 늑대를 죽이고 만다. 나도 얼마 전에 개를 키웠는데 그만 병이 나서 죽고 말았다. 너무 슬퍼서 지금까지 다른 집 강아지도 쳐다보지 않는다. 내가 제일 좋아하는 강아지였는데… 이툭의 마음이 충분히 이해가 된다. 하지만 내가 다른 집 개를 알미워한 것처럼 미워하는 마음은 내 속만 상하고 마음이 더 편하지 않다. 차라리 내가 우리 집 강아지를 사랑했던 것만큼 다른 개들을 더 보살피고 예뻐해 주면 온 동네 강아지들은 내 친구가 될 텐데……. 미워하는 마음보다는 사랑하는 마음을 갖는 것이 훨씬 내 마음도 편안하다고 생각한다.

독서감상문 감상② - 6학년 여

-『몽실언니』를 읽고

몽실언니에게

언니, 안녕하세요?

언니는 그 어렵고 힘든 시기에 어떻게 잘 견디고 지냈는지 아무리 생각해도 대단한 것 같아요. 6·25전쟁이 일어난 시기에 엄마까지 재혼해 버리고, 거기다 새엄마까지 죽어서 동생 난남이와 남겨졌잖아요. 아버지가 전쟁터로 끌려가서 혼자 동생을 돌보다 겪은 일들은 저에게는 실감이 가지 않아요. 언니는 너무 착해서 나쁜 인민군들도 언니를 해치지 않았다고 생각해요. 언니는 아무리 배고파도 먹을 것이 생기면 동생 난남이를 먼저 먹였지요. 나는 동생보다 먼저 먹을까 봐 얼른 먼저 먹어 버리는 못된 누나거든요. 언니의 착한 모습을 읽을 때 전 솔직히 부끄러웠어요.

언니가 식모살이하다가 드디어 아버지를 만나게 되었을 때 저는 박수를 치고 싶었어요. 하지만 다리 부상으로 치료도 받지 못한 아버지는 돌아가시고 말았지요. 언니는 결국 고아가 되어 나는 너무 안타까웠어요. 그 시대엔 고아가 언니 말고도 너무 많았다는 이야기는 들었지만, 언니의 힘든 일이 꼭 내 일처럼 마음이 아팠어요. 언니는 지금쯤 살아 있다면 아마도 머리가 하얀 할머니가 되어 있겠지만 지금 어디에 잘 살고 계실까 궁금해요. 비록 책 속 주인공이지만 우리나라에 몽실언니 같은 할머니가 많을 것 같거든요.

아무쪼록 오래오래 건강하게 잘 지내시길 바랄게요.

2010년 6월 25일

몽실언니를 존경하는 진이

이오덕 선생님도 책을 읽기만 하지 말고 써보아야 한다고 늘 강조했다. 독서감상문은 책을 잘 읽기 위해 쓴다고 하였고, 책을 읽는 것보다 더 좋은 공부가 된다고도 했다.

그리고 모든 글쓰기는 너무 잘 쓰기 위한 고민보다는 어떤 내용을 담을 것인지를 먼저 고민하면 된다. 마지막으로 연필을 들면 된다. 일기든, 감상문이든, 시든, 연필을 들지 않고서는 한 줄도 쓸 수가 없다. 연필 들기가 아주 중요한 무기다.

'내 글쓰기의 무기는 내 연필이다'라고 생각하는 것이다.

아이도 부모도 다 행복

"부모가 바뀌면 아이가 바뀝니다."

이 말은 부모교육에서 빠질 수 없는 명언이기도 합니다. 하지만 이 말이 얼마나 부모들의 마음을 속박하는 것일까요? 아이의 잘못을 모두 부모 탓으로 돌리는 말로 들릴 수도 있습니다. 더구나 우리나라에선 아이 교육을 아빠보다 엄마가 짊어지고 있는 경우가 대부분이라 엄마들은 들리지 않는 속울음을 토해야 하는 경우가 너무 많습니다.

"부모가 행복하면 아이도 행복해집니다."

이 말이라면 그래도 부모라는 직무의 무게를 좀 덜어주는 표현이 아닐까요? 행복한 부모 밑에서 자라는 아이는 학교에서도 생글생글 표정이 밝은 것을 보면 부모가 행복한 일이 많아야 할 텐데 현실이 녹록하지가 않지요. 경제생활에서도, 자녀교육에서도 늘 벅차고 힘든 과정의 연속이니까요.

"아이가 행복하면 부모도 행복해집니다."

이 말은 부모가 되어본 사람은 누구나 공감할 말이 아닐까요? 아이가 엄마 뱃속으로부터 탈출은 했으나 정신적 탯줄은 천륜이라는 이름으로 영원히 존재할 수밖에 없으니까요. 아이가 울면 같이 울고 싶고, 아이가 웃으면 같이 웃음이 터져 나오잖아요? 아이의 목소리 무게에 따라 부모 자신의 목소리 무게가 달라지는 걸 오늘도 느끼고 있잖아요?

'아이가 학교에서 어떻게 지내고 있을까?', '친구들과 잘 어울려 놀까?', '선생님과 재미있게 공부를 잘하고 있을까?'
부모는 아이가 학교에서 행복한 하루를 지낼 수 있기를 집에서나 직장에서나 간절히 기원하고 있겠지요.
혹시나 학교에서 선생님의 전화를 받게 되면 가슴부터 철렁한다고 하지요. '어디 다쳤을까?', '어디 아픈 걸까?', '무슨 잘못을 저지른 걸까?'

그런데 아이들은 생각보다 훨씬 건강하고 행복하게 학교생활을 하고 있답니다. 어른은 찡그리고 살아도 아이는 만면에 웃음을 머금을 때가 많습니다. 학원이 싫고, 공부가 싫고, 친구가 놀려도, 속상함은 잠시 내리는 소낙비로 그칠 때가 많습니다.

그러나 초등 6년이라는 기간 동안 어린 마음에도 정서적 우울감이 지속되는 아이들도 있습니다. 오래도록 공부에 감금되는 아이들, 백점만 재촉받는 아이들, 성취감을 못 느끼는 아이들, 야단만 듣고 위로받지 못하는 아이들, 무관심한 환경에 노출되는 아이들이 그렇습니다.

그래서 부모의 사랑과 관심은 태양이 되어 아이들의 그늘진 곳을 골고루 비춰줘야 합니다. 초등 6년이 행복해야 다음 6년도 행복할 수 있습니다.

이제는 '아이도 부모도 다 행복'할 때를 고민할 시간입니다. 그러기 위해선 내 아이 성적표가 아닌, 내 아이 성장표를 들여다보는 시간이었으면 좋겠습니다.

오늘 아침에도 자녀를 위해 날씨 검색부터 시작하는 모든 학부모님을 진심으로 응원합니다. 화이팅!

※ 글 속 사례에 등장하는 인물명은 가명으로 표기하였음을 밝힙니다.